여섯 번째 감각

소통의 원리와 현상

글을 쓰는 이유

기운의 소통이 2005년 블로그를 시작으로 2007년 2월 책으로 만들어졌습니다. 이후 기운의 소통을 접한 독자(讀者) 및 주변 지인(知人)이 제가 쓴 기운의 소통에 관해 보다 많은 것을 알기 원하였습니다. 그중 한 독자분은 제가 아직 밝히지 않은, 기운의 소통에 관해 알려달라는 간절(懇切)한 바램을 전해오기도 했습니다.

저는 각 분야에 종사하시는 훌륭한 분들이 기운의 소통을 읽고, 소통에 관한 원리(原理)를 간단히 파악하여, 전문분야에 적용, 보다 성과를 이루길 바라고 있습니다. 그리고 제가 생각하는 소통의 원리에 대한 개념(概念)의 과학적 근거가 부족하여, 밝히기를 머뭇거리고 있었습니다. 그러다 생각해보니, 기운의 소통 책이 여러 분야의 전문가들에 의해 읽혀지기까지와 기운의 소통을 이해하고 전문분야에 적용하여 결과가 나오기까지의 시간이, 소통의 원리와 현상에 관해 알지 못해, 정신적으로 혼란(混亂)을 겪는 분들에게 있어서는 고통의 시간이 될 것이므로, 미흡하고 부족하지만, 제가 알고 있는 사항이라도 지금 밝히는 것이, 정신적인 혼란으로 고통(苦痛)을 받는 분들에게 작으나마 도움을 드리는 것이라 생각되어, 이 글을 쓸 수 있게 되었습니다. 또한 여기서 밝히는 글로 관련 연구자의 연구방향에 대한 시행착오(試行錯誤)를 줄여, 조금이나마 과학의 발전에 기여하고 싶은 성급(性急)한 마음도 있습니다.

한계

전 세계 각 분야에서 수많은 논문(論文)들이 쏟아져 나오는 상황에서 제가 접한 정보는 아주 작은 부분에 불과하고, 또한 기운과 관련된 소통의 원리를 파악하는데 중요한 학문인 생명과학과 신경과학, 정신분석학 및 심리학, 전자전파의 부분, 그리고 여타 관련분야를 전문적으로 공부한 바가 없어 이론에 있어 보잘것없습니다. 이런 부족(不足)함을 알기에 보다 많은 지식과 정보 및 연구가 있어야 한다는 것을 느끼면서도 저 혼자 할 수 있는 부분도 아니고, 저 혼자 할 수 있는 여건(與件)도 되지 않아, 기운의 소통에 관해 제가 지금 가진 지식(知識)으로 현재(現在) 알고 있는 사항(事項)을 밝히는데 그 의의(意義)를 갖도록 하겠습니다.

용어

　　기운의 원리와 현상을 설명하기 위해 기운의 소통에서 다룬, 기운이란 단어를 기와 운으로 나누고, 기를 에너지, 운을 방향성과 크기를 갖는 벡터로 설명하겠습니다. 여기에 필요하면 시간도 고려하겠습니다. 물리학을 전문적으로 배우지 않은 분은 에너지와 벡터에 관해서는 상식(常識)적으로 접근하시고, 여기서도 에너지와 벡터는 개념적인 수준에서 다루어질 것입니다.

　　여섯 번째 감각에서 중요하게 다루는 가설인 마주하지 않은 상태에서 서로의 생각을 주고받는 현상을 설명하기 위해 Bio Tele Frequency란 용어를 사용하겠습니다. 이 용어는 생명이 원격통신을 위해 생명체 자체에서 내보내는 주파수(진동수와 같은 말)를 뜻합니다. 그리고 Bio Tele Communication이란 용어도 만들겠습니다. 그 뜻도 생명체가 다른 생명체와 생명체 자체에서 발생하는 주파수로 원격 통신하여 교류를 하는 것입니다. 이렇게 서로 원격 통신하여 교류하는 중요이유는, 생존을 위한 일에 협력하기 위함이므로, Bio Tele Communication으로 공동의 목표를 위해 각자의 역할을 추구하는 것을 Bio Tele Network라 하겠습니다. 앞으로 이 용어들을 약자인 BTF와 BTC, BTN으로 사용하도록 하겠습니다. 그리고 인간의 몸에서 BTF로 BTC를 할 수 있게 하는 기관을 Bio Tele Communication System이라고 명칭하고, 본문에서 다룰 때는 BTC시스템이라고 하겠습니다. - BTF와 BTC시스템은 물리적 실체를 갖는 유물적 표현이고, BTC와 BTN은 인간관계에 관한 관념적 표현입니다.

BTF와 뇌파(腦波)를 포함한, 인간의 몸에서 의도적으로 발산되거나 자연스럽게 나오는 주파수를 특정하지 않거나 총체적으로 언급할 때는, 생체주파수의 영문표기로 Bio Frequency라 하여 간단히 BF로 지칭, 표기하겠습니다.

이런 용어들을 만든 이유는 Telecommunication이 이미 전기통신이란 용어로 자리 잡았기 때문으로, 생명체(生命體) 그 자체의 원격통신(遠隔通信)을 전기장치(電氣裝置)로 하는 원격통신과 구분(區分)하기 위해 Bio를 앞에 붙인 것입니다. 이외의 용어들은 일반적으로 사용되는 자연과학 및 일상적으로 사용되는 단어들입니다.

구성

1장과 2장은 소통(疏通)의 원리(原理)로 1장에서

는 BTC시스템에서 BTF의 발산(發散)과 수렴(收斂)으로 BTC가 어떻게 이루어지는지에 대해 설명하고 있습니다. 2장은 BTC에 관해 기본(基本)적으로 알아두어야 하는 몇 가지를 설명하고 있습니다. 이외의 장들은 소통의 현상으로 1장, 2장을 이해(理解)하시면 쉽게 읽을 수 있습니다.

들어가며

여섯 번째 감각에서 밝히는, 소통의 원리 및 현상에 관한 폭넓고 단순한 개념을 설명하기 위해, 전에 기술한 기운의 소통에서 간단히 기운으로 표현된 소통보다는, 과학적(科學的)으로 접근(接近)하려 노력했습니다. 기운의 소통에서는 정신적으로 혼란을 겪는 분을 대상으로 썼기에 되도록 단순(單純)하고 명료(明瞭)한 표현으로 설명하려 했지만, 여기서는 일반적인 교육과정을 밟은 지적인 분도 대상으로 하였기에, 그런 고민을 하지 않으며, 한결 마음 편(便)하게 썼습니다. 기운의 소통에 이은 여섯 번째 감각도 물리적으로 실증된 자료가 없는, 제가 직관적(直觀的)으로 파악한 저의 가설(假設)입니다. 그런 미흡함을 보충하기 위해 BTF로 이루어지는 BTC로 사회현상(社會現象)을 분석(分析)하여 적용(適用)하였습니다.

담긴 것들

글을 쓰는 이유
한계
용어
구성
들어가며

난 왜 생각이 많을까?

혼령을 불러오는 의식
제 1 장　　　　　　　　　　p12
ESP, 그리고 BTF
BTF발산
BTF수렴
자아, 그리고 BTC시스템
공진
데자뷰와 자메뷰
의지로 BTF 발산
제 2 장　　　　　　　　　　p34
상대의 진동수 파악
자아 인식코드
유사한 자아, 그리고 영역
BTC 커뮤니티의 형성
호의와 적의, 그리고 선과 악
역할, 그리고 기와 이

난 왜 우울할까?

혼령을 부르는 의식에 대한 해석
제 3 장　　　　　　　　　　p62
뇌파와 BTF 관계
예지와 투시
제 4 장　　　　　　　　　　p70
요람에서 무덤까지

하루
계절과 날씨
지역
문자
제 5 장   p93
질병
적의로부터 마비
무시
조증과 울증
환청
자아의 문제
제 6 장   p118
퇴출
The Largest Stray Sheep
성공과 실패
이웃
하느님과 예수
제 7 장   p133
무당
긍정, 부정
성의 문제
위험의 경고
삼재三災, 삼년상三年喪
제 8 장   p154
외모
호흡
BTC활동할 때 모습

난 왜 기운이 없을까?

영혼
제 9 장   p168
화폐의 가치
인플레이션, 이자
보험

주식
제 10 장   p182
부자들의 부 획득
협력으로부터 부 유지
억압으로부터 부 유지
단파BF
음모론으로 본 충격요법
제 11 장   p196
보호하기
파멸시키기
이용하기
친구
커뮤니티 성향
가장 이기적인 사람
1%
제 12 장   p209
스필버그 감독의 영화 세편으로 본 BTF
A.I.
마이너리티 리포트
우주전쟁
제 13 장   p223
바보온달
자명고
가족
정신노동

신의성실 信義成實

자신감, 그리고 겸손
의지와 진화의 관계에 대한 소견
한국이 세계에서 중요역할을 하려면
과제
나오며
Tip
부록

난 왜 생각이 많을까?

혼령을 불러오는 의식

강령술(降靈術)이라는, 서양에서 이루어지는 혼령(魂靈)을 부르는 의식(儀式)은 어떤 원리(原理)로 혼령을 불러낼까요?

심령술사가 혼령을 부르는 의식을 하고 있는 장면을 상상해 봅시다. 죽은 사람과 가까이 지내던 사람들이 테이블에 둘러앉고, 그 안에서 심령술사가 서로의 손을 이어 잡게 한 다음 혼령을 부르는 의식을 진행합니다. 저는 잘은 모르지만, 대체로 눈을 감게 하고, 혼령을 불러올 죽은 사람의 얼굴을 떠올리게 할 것입니다. 그러면서 혼령이, 모인 사람들 중 한 사람의 몸을 빌려 나올 것이라 말합니다. 그리고 엄숙하고 차분하게 분위기를 고조시키며 진행할 것입니다. 그러면 불현듯 테이블에 앉아 있던 어느 누구로부터 혼령의 목소리가 나옵니다. 모인 사람들은 놀라며 그 사람을 바라봅니다.
모인 사람들은 그 혼령의 목소리를 낸 사람의 얼굴표정, 몸짓 등이 자신들이 생각하고 있던 죽은 사람의 이런저런 모습과 닮아 있어 '정말 혼령이 나타났구나.'

라며 다시 한 번 놀라워합니다. 그 혼령은 모인 사람을 보고, 너는 어떻고 쟤는 어떻고 말하며, 울음을 터뜨리기도 하고, 웃기도 할 것입니다. 그러다가 갑자기 몸이 축 처지더니 잠시 의식이 없다가 이내 깨어나서는, 혼령의 모습은 간데없고 원래 그 사람이 무슨 일이 있었나하고, 자신을 보는 사람들을 둘러볼 것입니다.

자 이제부터 혼령이 정말로 사람의 몸을 빌려 나타나는 것인지, 가설(假設)을 다룬 후(後)에 살펴보도록 하겠습니다.

제 1 장

ESP, 그리고 BTF

우리는 텔레파시(Telepathy, 정신감응, 영국의 심령학자 F.W.H.마이어스가 지칭)를 초자연적(超自然的) 심령현상(心靈現狀)으로 치부(置簿)하는 경향이 있습니다. 그것은 평범하고 정상적인 사람에게 있어서는, 텔레파시가 의식적으로 이루어지는 경우가 드물 것이란 생각을 가지고 있고, 의식적(意識的)으로 알았다고 해도 텔레파시인지 아닌지 구분하지 못하기 때문이라 보입니다. 그러나 무의식적(無意識的)으로는 이런 텔레파시란 현상이 활발히 이루어지고 있으며, 인간관계(人間關係)와 사회조직(社會組織)이 형성, 운용, 유지되는 인간의 필수(必須)적인 정보습득(情報習得) 및 커뮤니케이션(communication) 수단(手段)입니다. - 예지(豫知)나 투시(透視) 또한 텔레파시로 이루어지는 것으로 텔레파시(telepathy)의 해석(解釋)의 문제입니다.

이런 현상은 BTF가 인간(人間)의 몸에서 발산(發散), 수렴(收斂), 간섭(干涉)을 하기 때문입니다. 기운의 소통에서도 밝혔듯, 한 개인의 몸에서 BTF를 포함한 BF가 다른 개인에게 발산, 수렴, 간섭하여, 이로부터 BTC 및 커뮤니케이션이 이루어지면, 커뮤니티가 나타나고, 이로부터 개인들이 유기적(有機的)으로 조직화(組織化)되어 움직여져, 사회(社會)가 형성(形成)되고, 운용(運用), 유지(維持) 및 성장(成長)하게 됩니다. - 기운의 소통과 마찬가지로 여섯 번째 감각에서의 관심사는 생명체 전부가 아닌 인간입니다.

텔레파시를 위해, BTF를 발산, 수렴, 간섭하는

인간의 감각기관(感覺器官)에 대해 실증(實證)된 정보가 아직 공개되어 있지 않습니다. 그래서 초감각(超感覺)이라 불리는데, 이제부터 설명하는 BTF와 BTC시스템을 이해하고, 이것을 바탕으로 BTC 및 BTN의 원리(原理) 및 현상(現狀)을 알게 되면, 초감각적 지각(extra sensory perception, 미국 듀크대학교의 J.B.라인이 텔레파시, 예지, 투시를 총칭한 말, 약칭 ESP)이란 인간의 원격통신(遠隔通信) 기관이 인간생활에 중요(重要)한 역할(役割)을 하고 있다는 것을 알 수 있을 것입니다.

BTF발산

BTF는 인간이 소리나 몸짓이 아닌, 인간의 몸에서 형성하여, 의도적(意圖的)으로 메시지(message)나 신호(信號)를 전달(傳達)하기 위해 발산(發散), 다른 사람이 수렴(收斂)하는 생체주파수(生體周波數)를 말합니다.

BTF발산(發散)은 주로 두뇌(頭腦) 부근에서 하는 것이 생리학적(生理學的)으로 볼 때 효율적(效率的)이므로 합당합니다. - 두뇌와 정보의 습득 및 발산기관이 신체의 윗부분에 존재하는 이유를 간단히 생각해보면, 지면 근처에 있는 것보다 윗부분에 위치하는 것이 정보습득(情報習得)에 유리(有利)하고, 정보를 처리하는 기관인 두뇌가 습득기관과 가까이 있는 것이 효율적이므로 정보의 발산기관도 두뇌가까이 있다는 것을 알 수 있습니다. 그러므로 두뇌의 정보를 BTF로 발산하는 기관도 두뇌(頭腦) 부근(附近)에 있을 것이라고 유추(類推)할 수 있습니다.

BTF발산기관은 머리부분과 얼굴부분으로 나누어 볼 수 있습니다. 머리부분은 원거리(遠距離)나, 위치가 불명확한 근거리(近距離)의 대상을 목적으로 발산하는 기관이 있고, 얼굴부분은 시각적으로 보이는 근거리 상대에게 보내는 기관이 있습니다. 머리부분은 발산 대상의 위치가 명확하지 않으므로 발산 방향의 폭이 넓고, 얼굴부분은 시각적(視覺的)으로 대상의 위치가 명확하므로 직진성(直進性)이 강합니다.

얼굴부분에서는 시각(視覺)이 유력한데, 그 이유는 시각이 대상의 위치를 명확히 알 수 있으므로 정보전달(情報傳達)을 위한 BTF 발산기관이 얼굴부근에 존재한다면, 시각이 가장 적절합니다. 그렇지 않다면 미간(眉間)에 존재하는 것이 시각 다음으로 유력(有力)합니다. 여기서 다루는 BTF는 주로 머리부근에서 일어나는 발산을 말하는 것입니다. 얼굴부근에서 발산되는 BTF를 설명할 때는 직진성 또는 얼굴부근이라고 따로 언급(言及)을 하겠습니다.

BTF수렴

전파(電波)를 수신(受信)하려면 안테나(antenna)가 있어야 합니다. 그런데 음성(音聲)정보를 송수신하는 핸드폰은 안테나가 보이지 않는데도 통화(通話)가 잘됩니다. 어떻게 전파를 받는 것일까요? 기억을 더듬으니 초기의 핸드폰은 안테나가 있었습니다. 그 안테나는 어디로 간 것일까요?

핸드폰을 분해해 보면 안테나가 내부(內部)에 있는 것이 보일 것입니다. 안테나가 핸드폰 안에 있어도 되는군요. 자 그럼, 인간의 BTF를 수렴(收斂)하기 위한 안테나는 어디에 있을까요? 의아(疑訝)하나요? 그래도 인간의 몸에 안테나가 있다면 어디 있을까 한번 생각해 보세요. 이미 알아챈 독자분도 있을 것입니다.

사람은 직립보행(直立步行)으로 안테나가 길게 위로 뻗어 있습니다. 그리고 그 안테나는 척추(脊椎)로 보호(保護)되고 있습니다. 그렇습니다. 제가 BTF의 수렴기관으로 파악하는 기관은 척수(脊髓)입니다.

그림 1. BTF 흐름

　　BTF가 척수(脊髓)에서 수렴(收斂)되면, 두뇌(頭腦)로 들어가든가, 성기(性器)를 자극하게 됩니다. BTF를 주고받는 활동 자체가 생체감응(生體感應, 여기서 말하는 생체감응은 상대와 마주했을 때 상대가 발산하는 진동수를 전체적으로 수렴하여 파악하는 것으로, BTF에 있어서도 적용될 것입니다.)을 가지므로, 수렴된 BTF의 정보처리(情報處理)를 두뇌에서 거부(拒否)를 하든가, 이러한 반응(反應)에만 치중(置重)하면 성기(性器)를 자극(刺戟)하게 되고, 그렇지 않고 두뇌(頭腦)에서 효과적으로 처리(處理)가 되면, 그 결과에 따라 정신반응(精神反應)이 BTF를 이루어 머리부근에서 발산(發散)하게 됩니다. - Hz정보를 습득하는 청각(聽覺)이 BTF의 수렴활동에도 관여(關與)할 것이라는 추측(推測)을 할 수 있지만, 여기 여섯 번째 감각에서는 청각의 Hz정보 습득은 다루지 않고, 척수가 안테나의 역할을 하므로 발산기관으로도 이용될 수 있다고 생각해 볼 수 있지만, 여섯 번째 감각에서는 척수(脊髓)를 통해서 BTF를 수렴하는 것으로만 가정(假定)하여 설명합니다.

여기서 설명하는 것들은 실증자료(實證資料)가 없는 저의 가설이어서 읽으시면서 '과연 그럴까?' 하고 의문(疑問)을 품으시겠지만, 일단 이해심(理解心)을 가지고 따라오시길 부탁드립니다.

자아, 그리고 BTC시스템

척수로 받아들인 BTF를 두뇌의 BTC시스템에서 정보처리를 하는 것에 대해 설명을 하기 전, 먼저 초자아와 자아에 대해 설명을 하도록 하겠습니다.

본능을 실현하기 위한, 정신의 시작인 초자아(超自我)는 몸의 에너지(energy)의 사용과 변화를 조정(調

整)하는 기본(基本) 프로그램(program)으로, 초자아가 경험을 축적(蓄積)하여 자아를 형성하면, 자아(自我)는 몸의 에너지(energy) 사용체계(使用體系)를 일정하게 유지하는 관리(管理) 프로그램으로서, 자아가 형성된 육체는 일정한 진동수(振動數)를 갖습니다. 인간은 출생, 적응(適應) 및 성장, 적응 그리고 변화(變化), 적응 등의 과정을 통해 각 단계에서 몸이 변화하게 되고, 자아를 만들어 냅니다. 따라서 자아는 하나가 아닌 여럿으로 초자아가 관리를 하게 됩니다. - 지금 현재 자신의 삶에 적응을 하여 사용하는 자아는 하나가 될 것입니다.

　　　　어떤 A란 사람이 만든 자아a가 갖는 일정한 진동수를 a의 고유진동수라고 하면, 개인 각각의 자아가 갖는 고유진동수(固有振動數)가 서로를 구분하여 교류할 수 있게 하는 각자의 주파수대역(周波數帶域)이 되어 BTC활동이 이루어지게 됩니다.

　　　　A라는 사람의 자아a는 고유진동수 a를 가지므로 B도 b를 C도 c를 갖게 되어 교류를 하게 되면, A두뇌의 BTC시스템 안에 a, b, c의 채널(channel)이 만들어지게 됩니다. B가 BTC시스템의 a진동수(이하 영문소문자a, b, c로 표시)채널로 b의 인식코드(認識code)와 메시지(message)를 보내면, A의 BTC시스템에서 B로부터 보내

진 BTF에서 b의 인식코드를 읽어 들여 b채널이 증폭(增幅)이 되어 B에게서 온 정보라는 것을 구분하여 메시지를 받아들이게 됩니다. - b의 인식코드에서 인식코드라는 것은 b를 다른 자아와 구분해내게 하는 b의 체계로 여기에는 두 가지로 가정하는데, 하나는 b의 대역이고, 다른 하나는 메시지를 담고 있는 BTF파동(波動)의 일정한 주기적패턴(週期的pattern)입니다.

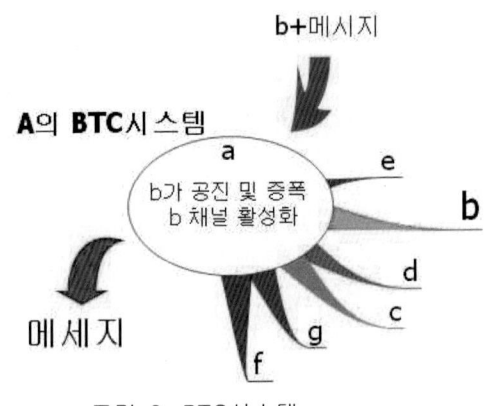

그림 2. BTC시스템

이때 b의 메시지를 해석(解釋)하기 위해, 그리고 b채널의 신호(信號)를 증폭하여 A가 기억하고 있는 B의 정보를 의식화하기 위해, 그리고 B와 BTC를 하기 위해, 두뇌로 에너지가 공급(供給)됩니다. 그런 뒤, B로부터 a채널로 신호가 들어오지 않으면, A가 B와의 BTC를 필요로 하여 의도적(意圖的)으로 BTC시스템의 b채널에 에너지를 공급하지 않는 이상, 다시 b의 채널에 에너지 공급이 이루어지지 않으며, 더 이상 BTC로 네트워크(network)가 이뤄지지 않으므로, 두뇌에 공급되는 에너지의 양이 BTF 수렴(收斂) 이전(以前)으로 돌아갑니다.

B가 a대역으로 b와 메시지를 담아 보내지 않아도, 일단 A가 BTC시스템의 b채널을 형성(形成)하고 에너지를 지속(持續)적으로 공급하여 b대역(帶域)을 열어놓고 있으면, b대역의 BTF를 파악(把握)하여 정보를 얻을 수 있습니다.

채널활성화

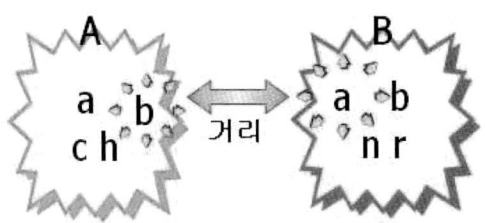

A와 B의 거리가 가까워 질 수록
A의 b와 B의 a가 활성화된다.

그림 3. BTF와 거리

이렇게 에너지 공급이 지속(持續)되는 동안 A의 BTC시스템 채널에 형성된 b, c 등으로는 계속 B와 C 등의 BTF신호들이 들어오게 됩니다. 두뇌로 공급되는 에너지양과 BTC를 이루는 사람들 사이의 거리(距離)에 따라 다르지만, 일상적으로 서로의 BTF신호들이 서로의 BTC시스템에 수렴되면서 서로를 안정(安定)시켜줍니다. - BTC는 거리가 가까울수록, 사용되는 에너지양이 많을수록, 접촉과 정보공유가 빈번(頻繁)할수록 안정적이고 활발합니다.

BTC시스템으로 커뮤니티 구성원의 대역이 형성되어있지 않아도 수렴활동에 집중하거나, 대역폭을 열어놓고 있으면, BTC시스템에 형성 가능한 대역폭이나, 열어놓은 그 대역폭(帶域幅)으로 BTF가 들어오게 됩니다. - 이때 들어오는 BTF는 상대가 불분명하므로 메시지에 대해 혼란(混亂)을 느끼게 됩니다. 메시지는 에너지의 방향성, 즉 행동을 요구하는 것이므로 유대와 지식, 경험이 부족하여 분별력이 적다면, 대역폭을 넓게 열어 놓고 적극적으로 수렴하는 것은 위험(危險)합니다.

공진

각 개인이 서로 다른 사람의 BTF를 인식(認識)하는 것은 위에서 설명하였듯, 자아가 갖는 고유진동수인데, 이 고유진동수를 분별(分別)해내는 것은 이미 무선통신에서 사용되는 채널선택의 방법인 공진(共振)-공명(共鳴)과 같은 말-의 원리가 적용되는 것으로 추측하고 있습니다.

　　　공진에 대해 잘 모르시는 분들을 위해 물리학 강의에서 얻은 지식으로 간단히 설명하면, 고유진동수(固有振動數)를 갖는 물체에 같은 진동수가 외부(外部)에서 가해지면, 이론적으로 진폭(振幅)이 무한대(無限大)로 커지게 됩니다. 그러나 실제로는 마찰(摩擦)등 저항(抵抗)으로 인해 무한대로 커지진 않습니다. 이러한 현상을 공진이라고 합니다.

　　　B가 보낸 BTF에는 인식코드 b와 메시지가 담겨 있으므로 A의 BTC시스템에서 인식코드 b가 인식되면, BTF에 있는 메시지가 수용(受用)되어 두뇌에서 해석(解釋)을 하게 되는데, 이 과정에서도 공진(共振)의 원리가 적용(適用)될 것으로 추측하고 있습니다.

　　　메시지가 갖는 진동수가 두뇌에 저장된 동일(同一)하거나 비슷한 진동수(振動數)를 갖는 정보와 공진하여 증폭(增幅)되면 메시지를 이해할 수 있을 것입니다. 그러나 메시지에 담겨 있는 정보에 관해, 수렴하는 사람에게 관련 지식이나 경험이 없으면, 메시지가 해석이 되지 않아, 메시지 자체가 물리적인 자극이 되어, 두뇌에서 해소

(解消)되게 됩니다. 이렇게 되면 상대를 인식은 해서, 상대에 대한 느낌만 있는 상태가 됩니다.

　　　　　여기서 잠시 공진의 원리로 기억을 일깨우는 작용에 대한 제 생각을 언급(言及)하겠습니다. 일단 어떠한 경험에서 얻은 정보(情報)와 그와 관련된 단어가 두뇌의 어떤 독립(獨立)된 공간에 저장(貯藏)이 되고나면, 그 단어나 비슷한 경험을 했을 때의 정보가 두뇌에 인식(認識)되면, 그 인식이 여러 독립공간에 퍼져, 그 어떤 독립된 공간에도 전달되어 저장된 단어나 정보가 공진(共振)을 하게 되고, 그로인해 그 증폭된 진폭(振幅)이 두뇌의 에너지 공급(供給)을 그 부분으로 유도(誘導)하여, 같이 저장된 정보들을 증폭하여 기억(記憶)을 해내는 것이라고 보입니다.　　　　그렇게 되면, 그 기억에 의해 얻어지는 다른 정보의 진동수가, 신호(信號)가 되어 다른 독립된 공간에 저장된 그와 유사(類似)하거나 같은 정보를 진동(振動)을 하게 되고, 에너지 공급이 계속된다면 연상작용(聯想作用)이 이런 방식으로 계속 반복(反復)적으로 일어나게 될 것입니다. - 현재 기억과 연상작용에 관한 이런 이론이나 가설이 나와 있을 것이라 예상되지만, 저의 정보습득의 부족으로 그 여부(與否)를 알지 못합니다.

이러한 현상을 스스로 간단히 실험할 수 있는데, 몸의 에너지가 부족(不足)한 상황에서 자신이 찾지 못하는 물건을 찾을 때, 찾을 물건의 이미지를 떠올리는 것에 비해, 그 물건이 뜻하는 단어(單語)를 먼저 떠올리거나 말로 하는 것이, 두뇌에서 그 물건에 대한 정보를 공진시키는데 필요한 신호의 양이 작고 명확(明確)하여, 두뇌에 그 저장위치에 에너지 공급이 쉽게 이루어져, 연상 작용이 활성화(活性化)되어, 대상의 이미지가 분명해지게 되므로, 그 물건을 찾기 수월해집니다.

그렇지 않고 심상(心象, image)을 떠올리게 되면, 찾는 대상의 모양, 색, 사용하는 경험들의 심상 등 정보의 양이 많기 때문에 신호를 증폭시키고 구분하는 데에 시간과 에너지가 많이 필요하게 되어, 몸에서는 찾는 대상에 필요한 에너지의 양이 많으므로, 불필요한 에너지 낭비(浪費)라 판단하여, 대상을 찾아야 하는 상황에서 발생되는 신호의 자극이 크지 않으면, 이내 에너지를 공급하지 않아, 대상을 찾지 않게 합니다. - 에너지 공급의 효율성(效率性)으로만 이런 식으로 계속 대상을 찾게 되면, 심상(心象)과 단어(單語)가 혼동(混同)이 올 때 그 대상을 구별해내는 능력이 떨어집니다. 빨강이란 단어가 노란색으로 입혀져 있으면, 노란색을 찾을 경우 빨강이란 단어의 노란색을 빨강으로 착각(錯覺)하게 되는 경우가 발생될 수 있습니다.

　　　　BTF와 연상작용이 동시(同時)에 일어나는 예를 들어보겠습니다. 잠이 들어 꿈속에서 집 근처의 길이나 도로(道路)를 나가는 장면이 나오면, 흥미(興味)를 갖다가 어느 정도 지나면, 그런 장면이 사라지다 잠시 뒤에 과거(過去)에 걸었던 길이라든가 길과 관련(關聯)된 장면이 나타나는 꿈을 꾼 적이 있을 것입니다.

　　　　이 꿈은 집 근처에서 유난히 그 근처의 정보에 익숙하지 않은 어떤 A가 주변 정보를 파악하느라 정신을 집중(集中)하여, 두뇌에 에너지가 초과(超過) 공급, 인식활동이 증폭(增幅), 인식의 BF가 BTF의 성질(性質)을 띠게 되어 발산(發散), 주변에 보내져, 잠자는 어떤 B의 BTC 시스템으로 수렴(收斂), 인식(認識)되면서 시작이 됩니다.

　　　　그러다가 시간이 어느 정도 지나면, A가 계속 B가 있는 장소로부터 벗어나므로, A와 B의 거리가 멀어져, A가 내보내는 BF의 도달거리(到達距離)가 제한(制限)되는 등의 이유로, 잠자는 B의 꿈속에서 더 이상 A의 인식은 나타나지 않고, 잠자는 B가 꿈속의 '길'에 대해 의식(意識)하면, 이때의 꿈은 A의 BF가 B를 자극하여 B의 의식이 깨어난 상태이므로, 두뇌에 공급된 에너지로 '길'이란 단어나 '길게 뻗어 나아간다.'는 이미지에 흥미를 느끼면,

계속 두뇌에 에너지를 공급하여 '길'과 관련된 것들을 연상(聯想)하며 꿈을 꾸다가 필요 없는 활동이라 느끼면, 두뇌로 에너지의 공급이 잦아들며, 다시 깊은 잠이 드는 것입니다.

데자뷰와 자메뷰

데자뷰(deja vu)는 일상적으로 BTC활동이 부족(不足)한 사람에게 BTC활동이 이루어질 때, 그가 BTC활동을 부자연스럽게 받아들이면서 겪는 현상으로, BTF가 수렴되어 BTC시스템에서 채널을 파악하여 BTC를 위해 두뇌 및 BTC시스템으로 에너지를 공급(供給)하는 순간(瞬間), 그 공급하는 순간이 의도적이지 않게 두뇌활동이 활성화되어 의식(意識)이 전보다 또렷해지므로, BTC 전(前)과 BTC 후(後)의 에너지 공급에 의한 의식의 인식정도가 차이(差異)가 크기 때문에, 두뇌에서는 상황(狀況)에 대한 연속성(連續性)을 갖기 위해 전의 상황들이 인지되고 있어야 하므로, BTC 전에 인식한 상황을 BTC 후의 두뇌활동에서 다시 인지(認知)하면, 동일한 장면이 두 번 반복되었다거나, 예전에 보았다거나 하는 착각(錯覺)을 하게 됩니다. - 이런 착각을 하는 것은, 습득된 정보가 저장된 유사한 정보를 증폭시켜 기억해내는 현상과 비슷하게 느껴지기 때문이라 보입니다.

이해를 돕기 위해 예를 들자면, 소파에 앉아 편안하게 쉬고 있을 때 두뇌의 의식 활동에 공급되는 에너지양과 공부를 하기 위해 책을 볼 때에 의식 활동에 공급되는 에너지양의 차이(差異)는, 그 상황을 개인이 스스로 의도(意圖)했기 때문에 부자연스럽게 느끼지 않습니다. 이처럼, BTC활동에서도 평상시에 의도적으로 가족 및 동료, 지인들 등 주변사람들과 계속 활발(活潑)하게 BTF를 수렴, 발산하면, 두뇌에 공급되는 에너지양의 차이를 부자연스럽게 느끼지 않지만, 대인관계가 소홀하여 BTC활동이 이루어지지 않다가 갑자기 BTC활동이 이루어지거나, 어느 특정시기 누군가로부터 많은 양의 BTF가 들어와 BTC활동에 에너지가 평소보다 많이 필요할 때는 몸에서 무의식적(無意識的)으로 두뇌에 에너지공급량을 늘리므로, 이때 의식 활동에 공급되는 에너지양도 증가(增加)하여, 자신이 의도하지 않은 상황에서 의식 활동에 대한 에너지 공급의 변화(變化)가 확연히 구분되어 부자연스럽게 느껴지게 되는 것입니다.

BTC 후(後), 두뇌로 공급되는 에너지양이 일정한 정도로 유지(維持)되면, 그 후에는 부자연스럽게 느껴지지 않기 때문에, BTC시스템이 활성화되기 위해 두뇌로 공급되는 에너지의 증가한계시점(增加限界時點)이 데자뷰라고 느끼는 순간입니다.

물리역학으로 보면, 정지(靜止)에서 운동(運動)을 일으키기 위해 필요한 에너지는, 운동이 연속(連續)되기 위해 필요한 양보다 커야 하므로, BTF로 인해 두뇌에서 BTC시스템을 운용(運用)하기 위해서는 운용에 필요한 에너지양보다 더 많은 양의 에너지가 순간적(瞬間的)으로 공급(供給)되어야 합니다.

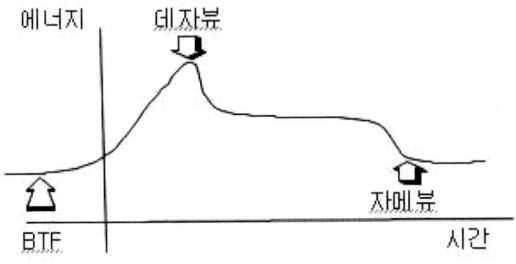

그림 4. 데자뷰, 자메뷰 시점

어떤 물체(物體)나 시스템(system)이 정지에서 운동까지의 필요한 에너지양을 예로 5라고 하면, 운동 상태에서 계속 운동에 필요한 에너지양은 3정도가 필요하다는 것으로, 정지 상태에 BTC시스템에 1이란 에너지양이 공급되고 있었다면, 특정 BTF의 신호로 BTC시스템이 운용되려면 5란 에너지가 필요하고, 이후 BTC가 활성화되면 BTC시스템을 위해서는 3이란 에너지를 지속적으로 공급해주면 되는데, 이때 BTC시스템이 작동(作動)하기 위해 공급되는 에너지양이 5가 될 때, 데자뷰의 느낌을 갖는 시점(時點)이 되는 것입니다.

이에 반(反)해서 자메뷰(jamais vu)라는 낯설다는 느낌을 갖는 현상이 일어나는 이유는, BTC활동이 특정(特定)한 누군가로부터 들어오는 BTF로 이루어졌기 때문에, 그 특정한 누군가의 BTF가 발산되지 않거나 더 이상 들어오지 않으면, 특정한 BTF가 BTC시스템으로 들어오지 않으므로 두뇌에 에너지공급 활동이 다시 BTC 전(前)의 상황으로 돌아가, BTC가 이루어졌을 때의 또렷했던 의식으로 대상을 파악하던 활동이 다시 원래(原來) 의도했던 상황으로 돌아오므로 BTC가 이루어지는 상황보다 대상을 낯설게 느끼기 때문입니다. - '낯설다'란 느낌이란, 대상에 대해 관심이 집중이 되면, 그 대상을 선명(鮮明)하게 받아들여 가깝게 느껴지게 되는데, 이러한 관심이 다른 곳으로 향하거나 분산(分散)이 되어, 그 대상에 대해 가졌던 감정이 멀게 느껴지게 되는 것을 말합니다.

데자뷰의 느낌은 같은 공간에 있는 사람들이 동일(同一)한 현상에 대해, 각자(各自)가 인식(認識)한 정보가 누군가에게는 BTF의 성질을 띠어 발산, 다른 어느 누구의 BTC시스템에 수렴, 동일한 정보에 대해 재인식(再認識) 및 정보의 중첩(重疊)에 의한 증폭으로도 나타날 수 있습니다.

　　　　　의지로 BTF 발산

　　　　BTF가 BTC시스템으로 들어와 메시지가 인식되면, 그 메시지는 오감을 통한 자극과 정보가 인식되어 처리 되는 것과 같이 무의식(無意識)에서 처리되다가 이전과 다른 변수(變數)가 발견되면, 의식화(意識化)되어 이성적(理性的)으로 분석됩니다. 그러면 자신에게 이로운가, 해로운가에 의해 선악(善惡)이 판단되어, 감정(感情)을 일으키게 되고, 몸에선 에너지(energy) 분배의 변환(變換) 및 집중(集中)이 일어나게 됩니다.

　　　　　이렇게 에너지가 집중이 되면, 에너지 사용 시스템의 변화에 대한 의지(意志)를 갖게 되는데, 이때 BTC로 이루어지는 커뮤니티(community), 즉 자신과 관련된 사람들 및 주변으로 의지의 BTF를 발산(發散)하게 됩니다. - 무의식이나 의식, 감정의 상태에서도 BF를 발산 BTF성질을 가질 수 있지만, 의도적인 것은 아니며, 행동하기 전 의지를 가질 때는 자신이 행동하려는 목적에 대한 정보를 커뮤니티 및 주변에 알리기 위해 의도적(意圖的)으로 BTF를 발산합니다.

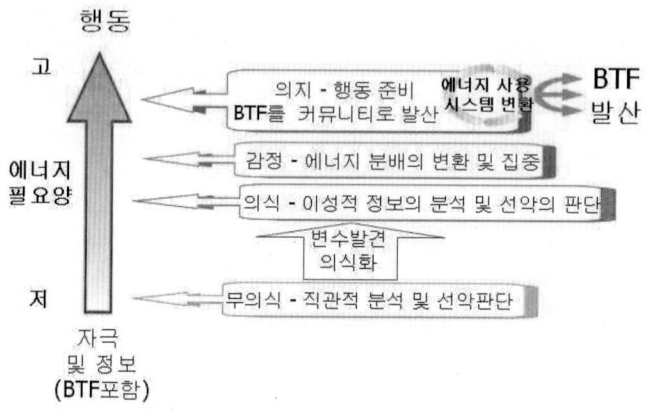

그림 5. 정보처리 흐름

의지의 BTF를 발산(發散)하게 되면, BTC가 이루어지는 사람들의 BTC시스템에 수렴(收斂)되어, 그 사람들의 생각과 행동에 변화가 이루어지게 되고, 또한 그 반응(反應)이 다시 BTF로 발산(發散)되어 커뮤니티가 교류(交流)하여 사회생활이 이루어지게 되는 것입니다. - 의도적인 BTF발산은 인간의 조직(組織)성 및 사회(社會)성으로 비롯되었다고 봅니다.

평소 익숙한 일에 대한, 행동 전의 의지로부터

나오는 BTF의 발산보다, 익숙하지 않은 일에 대한 행동 전의 의지는, 몸의 에너지 시스템에 변화(變化)를 가져와 많은 힘이 필요하므로, BTF의 발산도 평소보다 강(强)하고, 주위 커뮤니티에 주는 영향(影響)도 크게 됩니다.

　　　　　지금은 통신 기술이 발달하여, 평소와 같지 않게 변화를 가져오는 행동에 대한 의지의 BTF를 발산하면, 가족, 친구, 동료, 적 등 자신과 관련된 사람들로부터 연락(連絡)이 오거나 하는 경우가 있을 수 있습니다. 그리고 자신들과의 관계에 따라 추구하는 일에 협조(協助)하거나, 저지(沮止) 또는 방해(妨害)를 하려할 것입니다. - 변화를 위해 의지를 갖는 것은, 에너지가 그 전과 다르게 사용되고 에너지가 보다 많이 필요하다는 것이므로, 이 에너지는 다른 사람이 필요한, 그리고 욕심(慾心)나는 에너지일 수 있고, 이 에너지는 그래서 화폐(貨幣)로 환산될 수 있는 가능성이 있으므로, 이렇게 변화에 대한 의지로부터 BTF가 발산될 때, 또는 상황이 급격하게 변하여 BTF의 발산 또한 변화할 때, 이러한 상황을 이용(利用)하려는 사람들이 존재하게 됩니다.

　　　　　의지가 아닌 특정 대상(對象)을 향해 관념(觀念)을 보내는 것은 수렴할 상대의 자아진동수에 맞추어 에너지를 증폭(增幅)하여 메시지와 자아 인식코드를 발산(發

散)합니다. 그리고 어떤 심상에 대한 숙고(熟考)나, 대상에 대한 강렬(强烈)한 인식(認識)의 BF는 두뇌활동으로 에너지가 집중(集中), BF가 증폭(增幅)되어 의도하지 않아도 BTF의 성질을 띠게 되어 주변 및 BTC 커뮤니티로 발산됩니다. 또한 수렴된 BTF에 담긴 메시지의 해석(解釋)에 필요한 에너지의 양이 클 때, 메시지가 수렴자에게 의식적으로 이해되지 않아도, 무의식적(無意識的)으로 메시지 그대로 다시 BTF로 발산됩니다.

제 2 장

상대의 진동수 파악

제가 앞서 언급한 자아의 개념에서 자아는 일정한 진동수를 가지고, 그것이 그 자아의 고유진동수(固有振動數)가 되는데, 이로 인해 그 대역으로 주파수를 보내고 받는 활동을 한다고 설명했습니다.

자신이 다른 사람에게 자신의 의도를 보내고자 한다면, 그리고 다른 사람의 의도를 알기 위해서는, 그 대상의 자아의 진동수 대역(帶域)을 파악(把握)해야 합니다. 저는 그 대역을 파악하는 것은 얼굴을 통해 한다고 봅니다. 서로 얼굴을 마주보는 상태에서 상대의 전체적인 진동수를 파악하는 생체감응을 가지는데, 이로써 상대를 인식하여 상대의 자아 진동수를 파악한다고 생각합니다.

그 사람은 어떤 느낌이라든가 하는 그 느낌을 상대의 얼굴을 떠올리면서 하는 것이 바로 상대의 자아 진동수 대역을 BTC시스템의 채널로 형성시키며 대역을 맞추는 것 아닐까요?

사람은 상대와 인간관계를 맺고 싶으면 얼굴빛을 발산을 하고, 반대로 상대와 인간관계를 갖고 싶지 않으면 얼굴빛을 내지 않아 자신을 숨기려 합니다. 이런 활동이 BTC를 위해 자신의 자아 진동수를 드러내고 감추는 행위와도 관련이 있다고 봅니다. 얼굴빛을 발산할 때, 발산하는 얼굴의 특징(特徵)을 제대로 파악할 수 있는데, 자신의 진동수 대역을 쉽게 알리고, 상대의 진동수 대역을 쉽게 파악하기 위해, 얼굴의 특징이 서로 다르게 나타나는 것이라 생각됩니다.

어떤 때 물체나 자연현상이 문득 얼굴처럼 보이거나 하는 것은, 그때 BTC가 활발하게 이루어질 때인데, 의식적으로 그것을 알지 못해 무의식(無意識)에서 의식으로 그러한 활동을 알리므로, 물체의 형상이 얼굴처럼 보이는 것이라 추측(推測)합니다. 그리고 한국인이 흑인이나 백인 등 서양인의 얼굴을 잘 구분하지 못하는 것으로 인종 간에 BTC시스템의 대역폭을 한정적(限定的)으로 사용한다는 것을 유추(類推)할 수 있습니다.

한편 정신활동을 활발히 하는 사람들은 외국인과의 교류에서도 얼굴을 잘 구분하는데, 이것은 두뇌활동으로 BTC시스템의 대역폭을 원활(圓滑)히 조정(調整)할 수 있기 때문일 것입니다. 쌍둥이도 얼굴이 조금씩 다릅니다. 단지 쌍둥이의 경우에는 정신활동에 있어 BTF로 서로 간섭이 심할 것입니다. - 똑같이 생긴 사람이 지구상에 있을까요?

자아 인식코드

특정한 사람으로부터 들어오는 BTF는 발산하는 사람과 수렴하는 사람이, 각자의 BTC시스템에 상대의 채널이 형성되어 있으면, 의도하지 않아도 서로의 BTF를 파악할 수 있습니다. 그리고 의도적으로 BTF를 파악하기 위해서는 BTC시스템의 자아 채널의 대역폭을 상대에게 맞춰놓고 BTC시스템에 에너지를 공급하는 것만으로도 가능할 것입니다.

　　　　의도적으로 파악할 때 자신의 BTC시스템에 에너지가 공급되어, 상대의 자아 진동수 대역에 맞춰지게 되고, 증폭시키므로, 메시지를 담아 상대에게 의도적으로 BTF를 보내지 않아도, 자신의 정신활동이 BTF 성질을 띠어 상대에게 발산됩니다. 그리고 특정한 사람에게 메시지를 담은 BTF를 의도적(意圖的)으로 발산하기 위해서는, 메시지를 상대의 진동수 대역(帶域)에 맞춰 에너지를 공급하고 증폭하면, 발산하여 보내지게 됩니다.

　　　　BTF가 의도적이든, 의도적이지 않든 발산할 때는 발산자의 자아 인식코드(認識code)도 함께 포함되어 보내지게 되는데, 그러므로 수렴자가 발산자를 인식할 수 있게 됩니다. 이렇게 상대를 구분하게 하는 발산자의 자아 인식코드가 무엇일까요?

　　　　이 문제를 두 가지로 생각해볼 수 있습니다. 한 가지 경우는 BTC시스템에서 상대의 주파수(周波數)를 증폭할 때, 자신의 주파수도 동시(同時)에 증폭(增幅)하여 발산할 것이란 가정입니다. BTC시스템의 대역 두 개가 증폭되는 현상이 나타난다는 것입니다. 이렇게 되면, 각자의 대역이 자아인식코드의 역할도 하는 것입니다. - 의식적으로는 상대의 주파수를 증폭하게 되고, 발산할 때는 무의식적으로 자신의 주파수가 상대의 주파수와 같이 발산된다는 가정입니다.

그렇지 않다면, 정신활동에 의해 형성된 BTF의 파동에 발산자의 일정한 주기적(週期的) 패턴(pattern)이 포함될 것이라 가정해 볼 수 있습니다. 이런 가정을 하면, 자아의 진동수(振動數)가 일정한 대역을 갖는 것과 같이 일정한 성질(性質) 또한 가진다는 가정을 다시 설정해야 합니다. 이렇게 되면, 자아의 진동수가 가지는 일정한 성질은 사람이 일상생활에서 상대에게 친밀감을 보일 때 나타나는 일정한 BF의 성질로, 생체감응으로 상대로부터 느꼈던 생체주파수(생체진동수)에 상대 자아의 대역과 자아의 성질이 포함이 되어야 합니다. 그런데 두 번째 가정은, 먼저 언급한 의도적일 때 BTC시스템에 발산자와 수렴자, 두 개의 대역이 동시에 증폭된다는 가정보다 복잡합니다.

첫 번째 가정은 인식코드가 진동수 대역이므로 수렴자의 BTC시스템에 형성된 발산자의 자아대역이 공진하는데도 쉬워, 상대를 구분하기에도, 그리고 에너지를 유도하기에도 빠르게 됩니다. 그러나 문제는 특정한 사람에게 의도적으로 BTF를 보낼 때, 그와 동시에 메시지를 수렴할 대상이 아닌, 어떤 다른 사람의 BTC시스템에 형성된 발산자의 대역도 증폭된다는 데에 있습니다.

　　　이 문제는 자신의 BTC시스템으로 들어온 BTF로 일단 자신의 자아 대역이 증폭하지 않고, 형성된 가채널 등 BTC시스템으로 일정한 에너지 한계 이상의 크기로 주파수가 들어오지 않으면, 신호를 의식화하여 처리하지 않는 것으로 해결할 것이라 보입니다. 첫 번째 가정에서 자신의 자아 진동수가 자아인식코드로써 발산될 때, 그 진동수의 주기적인 패턴인, 두 번째 가정에서 다룬 자아의 성질이 포함되어질 가능성도 있을 것입니다. - 의도적인 BTC를 이해할 때, 두 개의 주파수(진동수)가 증폭하는 첫 번째 가정에 무게를 두어 생각하길 바랍니다.

　　　한편 자아 식별코드(識別code)는 수렴된 BTF로 상대를 파악(把握)하는 것이므로, 의도적으로 발산한 BTF는, 두 가지 가정 모두에 있어서 자아 인식코드가 그 자체로 자아 식별코드가 되고, 수렴하는 사람이 발산하는 대상의 자아의 대역과 진동수를 의도적으로 일치시키거나, 그 대역으로 BTF가 들어오는 것을 그 진동수로 파악하면, 그 대역의 진동수가 식별코드가 될 것입니다.

　　　의식적으로는 느낌이라고 파악되는 상대의 자아 성질인 진동수의 주기적 패턴이 중요 식별코드가 될 수 있으나, 상대를 명확하게 확정하기 위해서 얼굴이 주요 식별코드가 되며, 그리고 이름이나 특징 등, 그 사람과 관련된 정보들이 식별코드로 사용될 수 있을 것입니다. - 각 개인(個人)에 대한 정보가 독립(獨立)된 공간에 저장(貯藏)되어 있으면, 그 독립된 공간에는 자아 진동수 대역 및 자아의 성질, 그리고 얼굴, 이름 등 그 사람에 관련된 정보가 같이 저장되어 있어, BTC시스템과 연계(連繫)되어 독립된 공간에 에너지가 공급되면, 관련 정보들이 같이 증폭되어 BTC활동에 활용(活用)될 것입니다.

유사한 자아, 그리고 영역

사람은 정체성(正體性)을 유지하기 위해 다른 사람과 다른 자신을 가져야 합니다. 즉 각 개인마다 BTF대역을 갖고 있어야 합니다. A라는 사람의 이름이 갑이고, B도 갑이면, 우리는 갑이라는 이름을 생각하며 A 또는 B의 얼굴을 떠올립니다. 그것이 A와 B의 이름은 같지만, A와 B가 얼굴이 다르므로 서로 정체성을 유지하는 것입니다. A와 B가 얼굴 생김새가 비슷하다면 A와 B는 BTF대역이 유사(類似)하므로, 서로 간섭이 커서 정체성의 혼란(混亂)이 오게 됩니다. 그래서 A와 B는 거리(距離)를 두어 자신들의 BTC 커뮤니티를 따로 형성하게 됩니다.

　　　자 이제부터 A와 얼굴이 유사한 사람을 B가 아닌 A'로 놓겠습니다. A와 A', 그리고 A'', A''' 등 유사A들은 서로 거리를 두어 각자의 영역(領域)에서 활동을 하는데, 서로 마주치는 일없이 동일한 장소에서도 시간대를 달리해 피해서 갑니다.
　　　이러한 활동을 하는 이유는 서로 가까이 있으면 A가 BTC시스템을 통해 유사A의 고유진동수 유사a가 발산되는 것을 읽어들여, a와 유사a의 진폭이 커지므로 자아감(自我感)이 커져 에너지 소비(消費)도 많고, 자아와 유사자아의 생각이 중첩(重疊)되어 혼란이 오므로 정상생활을 할 수 없어, 서로 발산하는 진동수로 인해, 자아감이 증폭(增幅)되는 것을 감지(感知)하여 피(避)해가는 것입니다. 이런 이유로 활동지역이 나눠지게 됩니다.

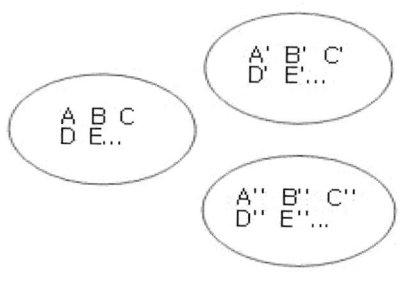

그림 6. 자아의 영역

그렇다고 A와 A' 등 유사A들이 서로 경쟁(競爭) 관계에 있는 것만은 아닙니다. 유사A들은 서로의 간섭이 크므로 서로의 BTF를 인식하기 수월하여, 움직임, 말투, 습관 등 행동패턴이 비슷하게 됩니다. 유사A들의 생활환경도 비슷하다면, A가 일요일 조기축구를 하게 되면, 다른 유사A들도 조기축구나 비슷한 운동을 하여 정신활동과 육체활동이 비슷하게 이루어지게 됩니다. 이렇게 서로의 생각과 행동에 영향을 주게 되므로 유사A들은 각자의 영역에서 BTC활동으로 서로 협력(協力)하게 됩니다.

유사A들의 각자 영역(領域)은 거리뿐만 아니라 역할(役割)로도 나뉘어 활동합니다. 각 조직들은 그 구성원이 차지하는 대역이 있는데, 유사자아들은 서로 다른 조직에서 특정 대역을 점유(占有)하게 됩니다. 그런데 A가 유사A들의 영역을 침범(侵犯)하여 활동영역을 넓히면, 다른 유사A의 입지가 좁아지게 되어, 존립의 위협(威脅)을 받습니다. 그러면 유사A들 안에서 이런 위협에 대한 두려움과 반응이 유사A들의 BTC로 오고가므로 유사A들은 정신적인 혼란(混亂)이 오게 됩니다. 이때 활동영역을 넓히던 A가 이런 정신적 혼란에 영향을 받아 안정감을 잃으면, 영역을 축소(縮小)해야 하는데, 계속 A가 BTC를 무시(無視)하고 하나의 개체로서 자신의 영역을 넓히는 것을 굽히지 않으면, A가 유사A들이 BTC로 보낸 적의(敵意)의 BTF로 인해 정신적인 타격(打擊)을 받아 퇴출(退出)되는 현상이 발생하거나, 유사A들의 얼굴 모습이 변화(變化)하게 됩니다.

유사자아들은 각자의 영역에서 서로를 돕고 있으므로, 이러한 상생(相生)의 관계를 유지하는 BTC활동이 무의식적(無意識的)으로 자연스럽게 이루어져 서로의 사고와 행동에 영향을 주어, 전체적으로 볼 때 각 자아들의 사회적 입지는 유사자아들의 사회적 입지(立地)를 결정하는데도 영향(影響)을 줍니다.

쌍둥이의 경우는 가족(家族)이므로, 가족은 BTC의 중심(中心)이고, 서로 간섭은 당연히 크고, BTC활동이 서로의 삶을 강하게 유지하게 합니다. 쌍둥이에게 있어서는 영역을 나누는 것보다 간섭(干涉)하는 것을 구분(區分)하는 능력(能力)을 갖추면 BTC가 일반적인 형제관계보다 더욱 안정(安定)되어 강(强)한 힘을 발휘할 수 있게 될 것입니다. - 형제(兄弟)가 BTC의 간섭으로 서로를 자기의 이익에 이용(利用)만 하려하면, 형제들끼리 서로 으르렁댑니다. 이용당하는 것을 모르면, 이용당할 때는 조증(躁症)으로, 이용당한 뒤는 울증(鬱症)으로 나타납니다.

BTC가 활발히 이루어진다는 것은, 서로에 대한 의존도(依存度)가 높다는 것이므로, 커뮤니티를 이루는 각 구성원 개인의 상황변화는 BTC를 하는 서로에게 영향을 주는 것도 크므로, 자신의 존재를 안정하기 위해, 또한 그로부터의 정체성을 유지하기 위해, 서로를 보살피는 일이 더욱 중요시됩니다.

그러므로 일단 어떤 사람들이라도 BTC가 활성화되면, 서로를 안정(安定)시키는데 주목(注目)하게 됩니다. - 사람은 다른 사람과 BTC관계를 맺어야 하는데, BTC시스템이 원활하지 않으면 사람들과의 만남으로 인해, 원치 않는 불합리(不合理)한 BTC관계가 형성될 수 있습니다. 이때는 사회제도(社會制度)를 이용하여 자신의 안정을 먼저 생각하고, 상대의 강요와 위협에 적극 대처(對處)하는 것이 오히려 자신을 지키는 방법입니다.

BTC 커뮤니티의 형성

사회(社會)는 일정한 정도의 BTC활동이 이루어지는데, 필요(必要)한 에너지양(energy量)의 정도(程度)에 따라 교류(交流)하는 대상(對象)이 달라집니다.

어떤 A는 a의 BTF활동에 5의 에너지가 필요하고, 또한 A와 BTC를 하는 사람들도 BTF를 위해 4내지 6의 에너지가 필요하다면, BTC가 그 정도에서 안정되게 이루어지는데, 이때 X라는 사람으로부터 A에게 8의 에너지가 사용되는 BTF가 오면, BTF를 파악하는 데 5정도의 에너지가 필요한 BTC 상대보다 간섭이 크게 됩니다.

A가 X와 대등하게 교류를 하기 위해서는 8이란 에너지를 BTF에 사용해야 하는데, 그러면 A는 자신이 사용하던 5의 에너지에 3만큼의 에너지를 더 필요로 하므로, 이 에너지를 자신의 다른 부분에서 가져와야 합니다. 그러면 다른 부분에 사용될 에너지가 부족하게 됩니다. 그리고 X가 BTF에 메시지를 보내는데 있어 그 내용이 A에게 복잡하고 난해하다면, A는 그것을 해석하기 위해 에너지를 다시 소모하고, 해석이 되지 않으면 신호를 해소해야 하는데, 이때 X의 8이란 에너지를 갖는 BTF에서 5가 정상적으로 해소되면, 나머지 3이란 에너지가 과잉자극이 되어 해소를 요구하므로 열이나 그밖에 과잉행동으로 나타나거나 하는 등의 일이 발생됩니다.

그리고 X의 BTF를 두뇌에서 받아들이지 못하면 X의 BTF는 성적자극이 되어, 이때 아무 목적 없이 성적으로 해소시키면, A는 커뮤니티 및 주변사람들과 BTC를 하기 위한 에너지를 낭비하였기 때문에 상실감으로 자책감을 갖습니다.

다행히 A가 X의 메시지가 단순하여 해석했는데, 그것이 행동으로 옮기는 신호를 가지면, 신호가 A에게 주는 자극이 크기 때문에, A는 자신의 의지와 상관없이 그 메시지에 담긴 사항으로 움직여져, 자신의 안위를 돌보아야 한다는 가장 기본적인 자기보호의 원칙을 거스를 수 있습니다. 그렇다고 이런 메시지를 거부하려 하여도, 메시지는 일정한 정도의 에너지를 사용하게끔 유도하므로, 육체활동을 보다 중요시 하는 사람에게 있어서는, 몸에서 거부반응을 일으키는 것이 욕이나 폭력 등으로 과격하게 표출될 수 있습니다.

그리고 X로부터 오는 BTF가 슬픔이란 감정을 동반한다면, A는 큰 슬픔을 느껴 우울해하거나 행동에 대한 의지가 감소되고, 기쁨이라면 A는 자신이 무엇인가 획득하였다는 기분을 가져 자신이 가진 에너지를 헤프게 낭비할 가능성이 있습니다. 또한 X로부터 8이 아닌 17정도로, A가 처리할 수 없을 정도의 신호가 들어오면, A는 신경처리에 과부하가 발생되어, 간질과 같은 발작을 일으킬 수 있습니다.

반면 X로부터 2정도의 BTF가 들어온다면, A는

5정도의 에너지가 필요로 하는 BTF로 BTC를 형성하고 있으므로, 그 신호가 A의 사고 및 행동에 영향을 주기엔 불충분하고, 다른 5의 신호가 들어오는 사람들과 커뮤니티가 원활히 이루어지고 있으면, 2가 사용된 X의 BTF가 A의 BTC시스템에 들어오면 X로부터 온 신호의 처리는 소홀해지거나 무시됩니다.

　　　A가 X와 마주했을 때 X로부터 순간적으로 A를 향한 단거리나 직진성의 BTF가 들어오면, 몸의 신경계통에 교란이 와서 몸의 신체리듬을 불안정하게 하여, 소화계통 등이 일시적으로 불쾌감을 가질 수 있습니다. 또한 A가 BTF를 처리하기 위해서는 단순히 심장에서 두뇌로 공급되는 혈액뿐만 아니라 산소, 영양분 및 호르몬 등이 필요하므로, 이런 계통에 좋지 않은 영향을 줍니다. 이러한 영향력이 지나치면, 몸에 무리가 생겨 병을 가져올 수 있습니다.

　　　이런 이유들로 A는 A의 BTC시스템으로 처리(處理)할 수 있는 사람들과 BTC를 이룹니다. 또한 메시지를 이해할 수 있을 정도의 지식(知識)과 경험(經驗)을 갖춘 사람들과 교류(交流)하여 커뮤니티를 이룰 것입니다. 이런 방식으로 BTC에 이용되는 에너지양의 정도(程度)에 따라, 그리고 어떤 역할(役割)을 하느냐에 따라 조직(組織)과 계층(階層)이 형성(形成)됩니다.

사람은 BTF의 BTC활동으로 커뮤니티가 형성되어, 그 안에서 BTC가 원활히 이루어져야 안정감(安定感)을 갖습니다. 가족(家族)이 BTC의 가장 중심(中心)에 있는 것은 당연합니다. 유전적(遺傳的)으로나 경험과 접촉빈도(接觸頻度)에 있어, 가족 안에서의 BTC는 원활하게 이루어지므로, 가족 안에서는 콩 한쪽도 나누어 먹어야 서로의 BTC를 안정화시킬 수 있습니다.

이렇게 BTC의 안정화를 계속 추구하다보면 형성되는 것이 국가(國家)입니다. 국가는 BTF의 양과 성질 등에 의해 여러 계층으로 나뉘고, 사람관계에서 BTC가 효율적으로 이루어지기 위해 국가 안에서 여러 이익집단(利益集團)이 형성됩니다. 이런 이익집단의 형성은 가족으로부터 시작된 것으로 가장 안정화된 BTC를 갖는 가족이 사회에서 가장 큰 힘을 발휘(發揮)하게 됩니다.

BTC란 활동이 없다고 생각하면 가족과 사회는 어떤 힘으로 연결되어 유지되고 있을까요? 단지 빈번한 접촉과 상대에 대해 기억하고 있는 정보의 양(量)만으로 가능할까요?

호의와 적의, 그리고 선과 악

특정대상을 향하는 BTF성질은 일상생활에서 보이는 호의(好意)와 적의(敵意), 두 가지로 구분할 수 있습니다. 호의는 자신의 에너지를 상대에게 나누어줄 수 있다는 것이고, 적의는 상대의 에너지를 자신의 것으로 빼앗을 수 있다는 것입니다. 이런 호의와 적의는 자신을 지키는 가장 기본적인, 감정(感情)에 따른 의지(意志)입니다. 사람은 자신의 존립을 위해 자연의 어느 대상에게나 호의와 적의를 가지는데, 호의는 자신에게 이(利)로울 때, 적의는 자신에게 해(害)로울 때에 나타납니다. 인간관계에서 나타나는 호의와 적의도 한 대상에게, 동시에 그리고 상황에 따라 그 크기가 달리 나타나게 됩니다.

선과 악은 자신에게 이(利)로우면 선(善)이 되고, 자신에게 해(害)로우면 악(惡)이 됩니다. 선이 무의식으로 파악되면 즐거운 기분을 갖게 하고, 악이 무의식으로 파악되면 두려운 감정을 가집니다.
호의도 악이 될 수 있고, 적의도 선이 될 수 있습니다. A와 B가 있다고 합시다. A가 호의를 보이는 것이 B를 이용하려는 것이라면 B에게는 악이 되고, A에겐 선이 됩니다. A가 보이는 호의가 서로 협력하기를 원하는 것이면 A나 B에게 선이 됩니다. 이때를 흔히 말하는 상생이라고 합니다. 그리고 A가 적의를 보이는데, 이것이 B를 위한 것이라면 B에겐 선이 되고 A에게도 선이 됩니다. A의 적의가 A의 선을 위해 B를 위험에 처하게 하는 것이라면 B에게는 악이 됩니다.

A가 B에게 호의와 적의를 보이는 것은 A의 이로움 때문이고, A가 에너지를 획득보존(獲得保存)하며 효율(效率)있게 사용하기 위함입니다. 이(利)로움은 각 개인(個人) 누구에게나 적용(適用)되는 삶의 제 1법칙이 되는 선(善)입니다. - 절대 선이 절대 악인 것은 선과 악이 상대적이기 때문입니다.

특정대상을 향한 호의와 적의는 협력(協力)과 경쟁(競爭)에서 빈번(頻繁)하게 일어나는 의지입니다. 일반적으로 자신에게 이익이 될 것 같으면 상대에게 호의를 보일 것이고, 해롭다 생각하면 적의를 보일 것입니다.

호의와 적의는 상대와의 거리감(距離感)을 형성하기 위해서도 이용(利用)됩니다. 사회생활에서 사람들을 만나다보면, 친절을 베푼 사람이 다음에 불쾌감을 표시하는 경우를 경험했을 것입니다. 그것은 친절을 베풀어 호의를 통해 BTC관계를 형성하려 했지만, 어떤 이유에선가

타당하지 않다고 생각하여, 상대가 서서히 BTC를 형성하려할 때, 적의를 보여 BTC가 형성되는 것을 방해하기 위해 불쾌감을 표시하는 것입니다.

다르게는 A가 B와 BTC로 연결되려 호의(好意)를 발산했는데 A가 이러한 BTC가 이루어지는, 즉 소통하는 좋은 느낌을 가지려할 때, B가 거부(拒否)하게 되면 A는 발산한 호의만큼 B에게 적의(敵意)의 BTF를 발산하여 호의를 감퇴(減退)시키려 합니다.

그리고 호의를 감퇴시키려는 의도가 있지 않아도, A의 내부에서는 A의 BTC시스템에서 B의 진동수 대역을 형성시키는 활동을 감소시키기 위해서, A자체에서 B를 향하지 않고도 B에 대한 불쾌감으로, BTC 채널에 형성시키려 했던, 또는 강화시키려던 b의 중요도(重要度)를 조정(調整)합니다. 이런 경우는 BTF라기보다는, 거리감을 조정하기 위한 의지에 담긴, 감정(感情)의 BF라 봐야 할 것입니다. - BTC를 형성한 관계에서, 상황에 의해 거리감을 조정할 필요가 있을 때, 내부에서 호의와 적의로 감정조절이 이루어집니다. 이런 때에는 B는 A와 접촉을 하지 않았어도, 아니면 대화나 행동을 하지 않았어도 불쾌감이나 공격적인 느낌을 받을 수 있습니다.

사람의 얼굴은 정신상태(精神狀態) 및 정신활동

(精神活動)을 표출합니다. 사람들을 보면 얼굴의 좌우 대칭이 어긋나 있는 사람들이 있습니다. 이분들의 얼굴 한쪽 면을 보면 친근해 보이는데, 다른 한쪽 면을 보면 무서운 느낌이 듭니다. 왜 이런 현상이 나타날까요? 거리감(距離感)을 조절(調節)하기 위한 호의 및 적의라는 정신활동과 관련 있지 않을까요?

그림 7. 정신활동과 BF

역할, 그리고 기와 이

일에 대한 역할(役割)은, 그 역할에 필요한 몸의 에너지관리(energy관리)가 요구(要求)되므로, 그 요구에 의해 자아가 형성되면, 일에 대한 각 역할에 의한 BTC시스템의 각각의 채널이 형성됩니다.

가족은 이미 여러분이 알고 있는 것처럼, 그리고 기업도 구성원들이 비슷하게 BTC시스템을 형성하게 됩니다. 한 기업의 임원진들 사이에서는 BTC가 원활히 이루어져야 하는데, 기업(企業)의 경영에 있어 회사의 규모가 커질수록 그 규모를 유지하기 위해서는, BTC를 형성, 운용, 유지하기 위한 활동의 중요성(重要性)이 커집니다. BTC를 이루기 위해 일에 대한 각자의 역할이 충분히 만족스러워야 하는 것은 당연하지만, 임원진에게는 BTC를 이루는 것이 보다 중요시됩니다. 그 이유는 누가 선(善)이고 악(惡)인지 구분(區分)이 필요하기 때문입니다.

임원진의 후보 X와 A가 있다고 가정해봅시다. 일에 뛰어난 X와 일에는 그리 뛰어나진 않지만 BTC를 이루고 있는 A가 있다면, 기업의 임원진은 X가 아닌 A가 될 가능성이 높습니다. BTC는 서로를 안정시키고, 또한 BTC로 선(善)을 형성(形成)하기 때문입니다. 반면 일에 뛰어난 X는 BTC관계가 형성되지 않으면, 악(惡)이 될 가능성(可能性)이 있기 때문에 그런 가능성을 배제(排除)하기 위해 임원으로 A를 선택하는 것입니다.

보다 명확하게 구분 짓는 예를 든다면, 서로 다른 각자의 조직에서 동일한 역할을 하는 10의 능력을 가진 X와 7의 능력을 가진 B가 있다고 하면, 10의 능력을 가진 X는 경쟁사의 임원이고, 7의 능력을 가진 B는 같은 기업의 임원이라고 할 때, 경쟁사와 협력의 여지가 존재하지 않는다면, BTC를 이루지 않는 X는 악이고, BTC를 이루는 B는 선으로, X는 제거(除去)대상이 되고 B는 보호(保護)대상이 됩니다. - X가 B보다 역할로 앞서 우위에 있지만, 조직(組織)의 우위(優位)는 각 개인의 역할 능력뿐만 아니라 구성원의 조화(調和)와 협력(協力)이 중요한 요소로 작용합니다.

　　　　　이렇게 BTC를 통해 조직을 형성하여 선을 이루는 과정이 필요한 이유는 단순합니다. 능률(能率)입니다. 각자의 역할을 나누면 에너지 효율이 높아지게 되어 각자의 이익(利益)을 보다 증진(增進)시킬 수 있기 때문입니다.

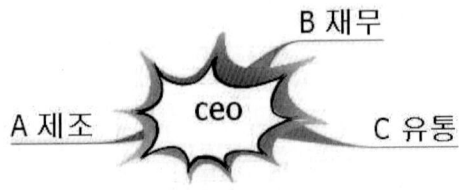

그림 8. 역할, BTN

　　　　임원인 A, B, C는 각각 제조, 재무, 유통의 역할을 하고, BTC로 일을 추구하는 BTN를 형성한다면, 서로의 이익을 위해 A는 제조의 역할에만 충실하면 되고, B는 재무의 역할에, 그리고 C는 유통의 역할에 충실하기만 하면 되므로, 에너지 효율이 높아지게 됩니다. 그리고 이러한 A, B, C의 BTN에서 중심 역할을 하는 BTN구성원이 ceo를 맡게 됩니다. - 국가는 이런 방식으로 각 분야가 협력을 맺고 있어야 안정됩니다. 국가의 원수(元首)는 그 시대의 국민들의 BTC와 각 부처 및 기업들의 BTN을 아우르는 BTC 및 BTN의 중심역할(中心役割)을 합니다.

　　　　역할에 의한 에너지 효율성을 기운으로 설명한다면, 기는 육체와 정신의 구성과 에너지를 말하고, 운, 즉 벡터인 방향성, 크기는 집중과 효율입니다. 어떤 사람에게 기가 세다고 하면, 상대적으로 에너지가 풍부(豊富)하다는 것이고, 기운이 넘친다는 것은 에너지의 집중(集中)과 효율(效率)이 좋다는 것입니다. 사람이 일을 도모할 때 BTC로 각 분야에 역할 관계를 이루면, 정서적(情緒的)으로 안정감(安定感)을 가지고 협력(協力)이 이루어져, 에너지의 집중과 효율이 높아지므로 기운이 상승(上昇)되어 안정되어집니다.

　　　　이렇게 BTC로 인해, 사람의 기운은 BTC를 이루는 커뮤니티에 따라 일정하게 유지(維持)되는 것입니다.

- 예로부터 선조들은 사람을 중심으로 이루어지는 이러한 에너지의 집중과 효율을 기운이란 말로 표현한 것이라 여겨집니다.

협력관계가 이루어져 각 역할에 대한 에너지의 집중과 효율이 좋아진다면, 각 분야의 정신(精神)활동에 사용되는 에너지양(energy量)도 증가(增加)하게 됩니다. 이것을 다르게 표현하면, BTC가 이루어지는 것으로 기(氣)의 상승을 가져오고 그로부터 이(理)의 상승을 가져온다고 할 수 있습니다. 기의 상승으로부터의 이의 상승은 선을 더욱 확고히 하기 위함입니다.

그러므로 이성 그 자체만으로는 선악(善惡)을 판단할 수 없고, 단지 서로의 이해관계(利害關係)를 볼 때 선악이 판단됩니다. 선악의 범위는 개인 자신으로부터 자신이 속한 커뮤니티 안에서 판단되어지므로, 이성 활동의 결과에 대한 선과 악 또한 이러한 범주 안에서 판단되어집니다. - 그렇게 보면 훌륭한 석학들이 무시무시한 전쟁무기를 만드는 것은 각 석학들이 생각하는 선악의 범주(範疇)에서 판단되어야 하지 않을까요?

기운을 유지하는 것은 각 개인의 몫도 있지만, 조직을 이루면 각자의 역할(役割)이 주어지게 되므로, 에너지를 선택(選擇)한 곳에 집중(集中)할 수 있어, 에너지의 효율(效率)이 좋아지게 되고, 관심 대상에 대해 의식이 보다 집중되므로, 이성적 활동을 활발히 할 수 있는 가능성을 갖게 합니다.

　　　　이렇게 되면, 한사람보다 여러 사람이 협력할 때 기운이 상승되는 것으로, 이러한 사람과 사람을 연결해주고 협력(協力)하게 하는 수단(手段)이 인간이 갖고 있는 BTC시스템입니다. - BTC시스템은 선을 이루기 위한 수단이기 때문에, BTC활동을 하는 개인의 의도(意圖)가 어떻게 되느냐에 따라 BTC시스템의 운용 목적(目的)이 달라질 수 있습니다.

난 왜 우울할까?

혼령을 부르는 의식에 대한 해석

도입부에서 냈던 문제(問題)를 푸는 시간입니다. 그렇다고 제가 정답을 알고 있는 것이 아니라, BTC시스템으로 해석(解釋)할 뿐입니다. 1장과 2장의 설명을 이해하신 분들은 쉽게 풀 수 있는 문제여서, 간단히 그림을 보며 설명드리겠습니다.

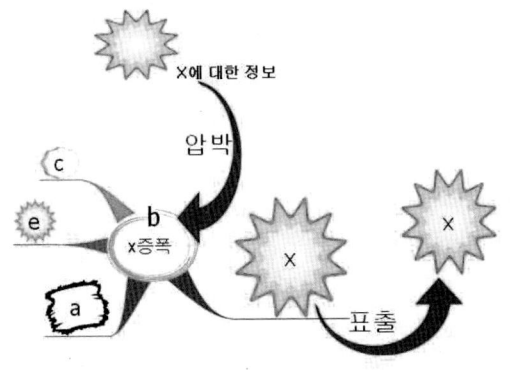

그림 9. 자아채널 증폭 및 표출

혼령을 부르는 의식을 하기 위해, 죽은 사람 X와 알고 지내던 여러 사람이 모이는데, 그중 한명인 B가 BTC시스템에 채널x를 크게 형성해 놓고 빈번하게 접촉하였었다면, 채널x로부터 연결된 x에 관한 정보의 양은 깊고 많게 됩니다. 그리고 X가 죽은 후, B는 X와 BTC를 할 수 없어 x는 B의 BTC시스템에서 자아x로 남게 됩니다. 이때 X의 영향력이 B의 행동을 좌우할 정도로 강하였고, 자아x를 이루는 여러 행동 및 사고방식 등 요소들이 B의 자아 일부분으로 흡수되지 못하면, B는 X가 삶의 방향성을 정하여 자신을 안정되게 하였으므로, 계속 자신의 안정을 위하여, X의 영향력을 지속시키기 위해 B는 B의 정신 안에서 독립된 자아로 자아x가 활동하도록 합니다. 이러한 자아x는 평소 b가 대응하지 못하는 것들을 처리하게 되는데, B의 몸에 적정한 b와 X로부터 받아들인 x의 에너지 관리의 차이로 인해 자아x는 되도록 표면에 나오지 않게 됩니다.

이런 상태에서 외부로부터 계속 X에 관한 정보가 b에게 들어오면, 그리고 같이 모여 있는 사람들이 X에 대해 생각하는 관념들과 이미지들이 뇌파로 두뇌에 간섭을 일으키고, 모여 있는 사람들과 형성된 B의 BTC시스템의 각 채널로부터 X에 대한 정보가 들어와, B의 X와 관련된 정보가 증폭되어 BTC시스템에 있는 채널x 및 자아x가 활성화되므로, 이런 현상을 b가 의식적으로 제어할 수 없게 되면, x가 B의 독립된 자아로 표출되어 살아생전 X가 말하던 목소리, 발음 방식을 사용하며, 그 사람의 얼굴모습과 비슷해지고, 그 사람이 자주 보이던 표정도 짓고, B에게 모인 사람들에 대해 이전에 X가 가졌던 생각들의 정보가 있다면, 그런 정보들이 B의 x를 통해 표출되어 사람들에게 이러쿵저러쿵 말을 하게 되는 것입니다.

그런 뒤 B에게 있어, 자아x의 에너지 관리방식과 b의 에너지 관리방식이 다르고, 또한 X에 관한 정보의 압박과 증폭으로 두뇌에 에너지 공급이 과잉되었으므로 이를 B의 몸이 견딜 수 없게 되면, 그 순간 x가 활동을 하지 않게 되고, 자아b로 변환을 위해 잠시 두뇌활동이 축소되어, 의식 활동을 관리하던 자아의 공백상태가 발생하여 의식을 잠시 잃다가, 다시 자아b가 활동하면 정상상태로 돌아오게 되는 것입니다.

B가 정상상태로 돌아온 뒤에 방금 전 자신이 했던 행동을 의식할 수 없는 것은, 자아x가 활동할 당시와 자아b의 에너지 사용방식이 다르므로, 상황의 저장 및 기억의 인식에 대한 에너지 활동방식에서도 차이가 나, x가 나타났을 때의 행동을 b가 의식적으로 인식을 할 수 없기 때문입니다.

가족, 친구나 동료, 지인들과 BTC를 형성하였을 경우에도, 접촉이 일정하게 이루어지다가 관계가 소원해지면, 접촉빈도가 높고 영향을 받은 그 자아가 접촉이 일정하게 이루어졌던 시간, 요일이나 계절, 시기 등에 자신의 자아처럼 나타날 수 있습니다. 그리고 어떤 자아가 자신과 연결되어 활동하길 원하는 그 순간에는, 표정 또한 그 사람과 비슷하게 바뀔 수 있습니다.

제 3 장

뇌파와 BTF 관계

의도적으로 BTF를 발산, 수렴하여 BTC를 하는 것과는 별도로, 사람은 두뇌활동으로 뇌파(腦波)를 발산합니다. 뇌파는 의학 분야에서 연구되고 있고, 중요한 진단 수단으로 의료분야에 적용되고 있습니다.

신경과학(神經科學)의 뇌파 분류(分類)를 보면, 델타(δ)파(0.2~ 4미만 Hz), 세타(Θ)파(4 ~ 8미만 Hz), 알파(α)파(8 ~ 13미만 Hz), 베타(β)파(13 ~ 30미만 Hz), 감마(γ)파 (30~50 Hz)로 구분하고 있습니다. 정상적인 성인이 일상 활동을 할 때의 뇌파는, 델타(δ)파는 깊은 수면에 있을 때, 세타(Θ)파는 잠이 들 때, 그리고 알파(α)파

는 눈을 감고 있을 때, 베타(β)파는 눈을 뜨고 일상생활을 할 때, 그리고 감마(γ)파는 급격한 흥분의 상태일 때 나타난다고 합니다. - 이런 구분은 학자에 따라 달리하므로 절대적인 것은 아닙니다. 그리고 이러한 구분도 더욱 세분화되어 연구되고 있습니다. 여기서 Hz(헤르츠)는 진동수의 단위로 물체가 진동할 때, 초당 몇 주기로 왔다갔다 흔들거렸는지를 수로 표현한 것을 나타냅니다.

  물체에 진동이 일어나려면, 에너지가 필요하므로, 진동수(振動數)의 증가는 에너지양(energy量)의 증가와 비례(比例)하게 됩니다. 그러므로 뇌파는 두뇌에 공급되는 에너지를 고려해야 합니다. - 진동수는 주파수와 같은 말입니다.

  뇌파는 두뇌활동으로 나오는 BF이므로, 사람은 오감으로 주변 정보를 모으는 것과 같이, 주변 뇌파(腦波)의 정보도 수렴(收斂)하여 파악(把握)한다고 보입니다. 이는 사회조직이 발전되어 세대를 거듭하며, 사람에게 나타난 능력(能力)일 것입니다. 뇌파를 수렴하는 기관은 BTF를 수렴하는 기관(機關)과 같이 척수(脊髓)라 추측합니다. 그러나 바로 옆에 있거나, 마주보는 가까운 거리에서는 두뇌에서 두뇌(頭腦)로 직접(直接) 간섭을 일으킬 수도 있다고 생각해볼 수 있습니다.

두뇌로 에너지 공급이 되는 정도에 따라 진동수도 달라지므로, 사람이 피곤해 잘 때는 두뇌에 에너지 공급이 줄어들어 델타(δ)파의 상태가 되는데, 이때 사람은 자신의 몸을 보호(保護)하기 위해 주변(周邊)의 정보(情報)를 파악하는 활동은 계속하고 있어야 합니다. 즉 수렴(收斂)하는 활동은 계속하고 있으므로, 주변 사람들이 내보내는 강한 BF를 파악하는데, 정상적이지 못한 행동이나 고도의 정신집중(精神集中)이 필요한 상황 등 두뇌에 많은 에너지가 필요로 할 때는, 그만큼 뇌파도 강(强)하게 발산(發散)되므로, 이렇게 증폭된 뇌파BF는 BTF성질을 띠어 델타(δ)파의 상태인 사람에게 수렴되어 파악될 수 있습니다.

특히 혼자 사는 사람이나 안정감이 부족한 사람일 경우, 수면(睡眠) 중에도 자신을 보호하기 위해 민감(敏感)하게 주변의 정보를 모으는데, 이때 자신의 두뇌활동도 미약하고 주위에 다른 BF의 간섭이 없다면, 주변(周邊) 다른 어떤 사람으로부터 나오는 BTF의 성질을 띤 두뇌의 의식(意識)을 그대로 받아들일 가능성이 있습니다. 그렇게 되면 주변사람들의 의식을 꿈을 꾸는 것과 같이 인식(認識)하게 됩니다. - 꿈을 꾸는 것은 잠을 잘 때, 걱정거리로 인해 의도적으로 의식화(意識化)가 필요하지 않으면, 커뮤니티로부터의 BTF나 주변 BF의 정보가 두뇌를 자극하여 두뇌로 에너지 공급이 이루어져, 정보처리(情報處理)를 위해 의식(意識)활동이 나타나는 현상입니다. 예는 기운의 소통에서 나비의 꿈으로 밝혔습니다.

　　　　이렇게 델타(δ)파의 상태에서는 다른 사람의 의식이 그대로 들어오므로, 이러한 활동에 민감하게 되어, 평상시에 의도적으로 자신의 의식(意識) 활동을 억제(抑制)하고, 자신에게 일어나는 감정(感情)이나 떠오르는 생각 등을 살피면, 주변(周邊)사람의 의식(意識)을 알 수 있습니다. 단지 자신의 의식 활동이 필요이하(必要以下)로 적어지면, 자신의 말과 행동이 그 발산된 BF에 의해 결정될 수 있는 가능성이 있으며, 또한 오감으로 주변상황의 변화에 대해 능동적으로 정보를 수집하는 활동 또한 제한되어, 자신의 안위를 위험(危險)하게 할 수 있으므로, 이러한 활동은 자신의 여러 정신활동이 어떻게 이루어지는지를 이해하고 활용할 수 있는 능력을 가진, 스스로 정신통제(精神統制)가 가능한 상태에서 이루어져야 합니다. - 제 개인적으로 퇴계(退溪)이황은 스스로 정신통제가 가능했던 인물이라 생각됩니다.

　　　　세타(θ)파의 상태는 두뇌에 에너지 공급량이 줄어들며 의식(意識) 활동이 무의식(無意識) 활동으로 변환(變換)되는 시점(時點)으로, 이때는 무의식의 활동이 의식

활동에 간섭되어 무의식으로 파악되던 BTC활동이 의식화 될 가능성이 있다고 보입니다.

　　　　그러므로 이때 환각(幻覺)을 경험할 수 있다고 보는데, 뇌파의 발산능력이 저하된 사람들이 지친 일상생활에서 혼란을 겪을 때, 다르게 표현하면 몸이 피곤하여 잠을 통해 회복이 필요한 상황에서도, 무리(無理)하게 의도적으로 의식 활동을 하여, 두뇌로 에너지의 공급이 부족(不足)한 상황에서는, 두뇌의 특정역할부분이 일시적으로 세타(θ)파 상태가 되어, 시각적으로 받아들인 물리적 현상이, 자신의 심상(心象)과 중첩되거나 그대로 받아들여지지 않고, 왜곡(歪曲)되거나 착오(錯誤)를 일으켜 두뇌에 인지될 수 있습니다. 그리고 언어의 간섭작용이 일어나 특정단어의 증폭이나 변형(變形) 등을 경험하게 됩니다.

　　　　알파(α)파 상태는 눈을 감고 있는 안정된 상태에 나타난다고 하는데, 알파(α)파 상태에서는 BTC활동을 의식적으로 파악할 수 있습니다. 또한 BTC를 통해 여러 BTF들이 중첩되거나 변형되는 주위의 간섭도 느낄 수 있습니다. BTF가 먼 거리의 사람에게 보내질 때, 안정되고 에너지가 집중된 장파(長波)의 진동수를 필요로 할 것이라 추측할 수 있으므로, 알파(α)파 상태에서 가능할 것입니다. - 여기서 장파는 물리학에서 정의되는 용어가 아닌

BTF의 도달거리에 따른 상대적인 의미입니다.

BTC는 두뇌활동이 활발한 베타(β)파의 상태에서 활발(活潑)하게 이루어지는데, 이는 주위 동료와 역할로 협력하고 있고, 두뇌활동이 활성화되어 있어 에너지 공급이 충분(充分)하기 때문입니다. 베타(β)파 상태에서도 혼자 있을 때는 보다 장거리(長距離)의 BTC활동이 주로 이루어지고, 다른 사람과 있을 때는 상대와의 경쟁과 협력을 하기 위한 마찰로 인해 주로 단거리(短距離)의 BTC 활동이 나타날 것입니다.

감마(γ)파 상태는 극도의 흥분(興奮)상태이므로, 두뇌로 에너지가 과잉(過剩) 공급되었으므로 발산을 주로 하게 될 것입니다. 어떤 사람에게 불합리(不合理)한 끔찍한 일이 닥치면, 감마(γ)파 상태가 되어, 그 사람에게 닥친 불행하고 불합리한 상황의 끔찍한 경험에 대한 정보의 BF에 에너지를 과잉 공급하여 증폭(增幅), BTF성질을 띠게 하여 지역 커뮤니티와 BTC 커뮤니티로 발산(發散), 전해져서 그 끔찍한 경험들이 인식(認識)되어 두려움을 일으키고, 그러므로 커뮤니티가 그것에 의해 위축(萎縮)되거나, 아니면 그런 상황을 막기 위한 노력(努力)과 시도를 한다고 보입니다. - 전설의 고향이란 TV프로그램에서 사또가 억울(抑鬱)하게 죽은 귀신을 만난다든가 하는 설정은, 아마도 두뇌활동에 뛰어난 사람이 그런 끔찍한 일에 대한 주변사람들의 정보를 BTC시스템으로 파악(把握)하는 것이 아닐까요? 아마도 선조들은 이미 BTC 활동을 알았기에 이를 전설(傳說)로써 보존했을 것입니다.

예지와 투시

예지와 투시를 앞서 텔레파시에 대한 해석의 문제라고 밝혔는데, 그러면 예지(豫知)능력을 먼저 살펴보겠습니다. 사람이 무엇을 실행하기 위해서는 대상(對象), 목적(目的), 행동(行動)이 있게 됩니다. 이것들은 단어나 관념, 행동에 대한 의지, 언어, 이미지 등으로 이루어져 있고, 어떤 사람이 무엇을 실행하기 전에, 이러한 것을 생각하면, 관련 주파수들이 증폭되어 BF로 발산하게 되고, 중요한 일이면 에너지가 보다 많이 필요하므로 BTF의 성질(性質)을 띠게 되어 주변 사람들이나 민감(敏感)한 사람들에 의해, 그리고 커뮤니티에 전달이 되어, 이를 파악(把握)한 사람이 예상을 하게 됩니다. 그리고 주로 그 일과 관련되지 않은 주변사람이 예지를 합니다. 그 이유는 일과 관련되어 있으면 함께 움직이기 때문입니다.

투시(透視)능력의 원리는 보다 간단한데, 활동 중, 시각(視覺)으로 받아들이는 인식은 정보의 양이 많고 중요(重要)하므로, 어떤 A의 이런 시각정보가 BF로 강(强)하게 발산(發散)되면, 예지와 마찬가지로 BTF성질을 띠어, 근처 델타(δ)파 상태인 사람에게 수렴(收斂)되어, A의 시각정보가 파악되는 것입니다. 이것은 일종의 정보처리과정에서 나타나는 문제로, 주변정보가 수렴자의 두뇌활동에서 여과 없이 그대로 의식적(意識的)으로 파악(把握)되는 상태입니다. 그러므로 사람을 매개(媒介)로 하지 않는 투시는 없습니다. - 동물들과 인간이 서로 BF를 파악하는 것은 여기서는 다루지 않습니다.

델타(δ)파 상태는 두뇌활동이 거의 없어, 자신의 안위를 보호하기 어렵고, 주위 BF에 영향을 받는 상태여서 매우 위험(危險)하므로, 유아기 같이 보호자가 있는 상황이 아닌, 성인이 자신의 안위가 보호받지 못하는 상황에서 의식적으로 일부러 델타(δ)파 상태가 되어, 자신의 시각을 무시하고 다른 사람의 시각을 의식하여 자신을 위험에 빠뜨리는 것은, 본능적으로 자신을 보호하는 선을 위배하여, 의식적으로나 무의식적으로나 거부(拒否)되므로, 델타(δ)파의 상태인 숙면(熟眠)을 할 때에, 위험을 감지하기 위해 주변 BF의 정보처리를 하는 드문 경우 이외에는, 투시능력 자체가 발현되거나 하지 않는 것입니다.

그러나 비정상적(非正常的)인 두뇌나, 두뇌에 물리적인 충격(衝擊)을 받은 상태에서는 정보처리 오류(誤謬)로 투시현상이라 볼 수 있는 상황이 발현되어 인식될 가능성이 있을 것입니다.

제 4 장

요람에서 무덤까지

부모와 자녀의 BTC활동은 활발한데, 어린 자녀는 부모와 같이 지내므로 부모의 BF를 파악하게 됩니다. 또한 어린자녀는 두뇌가 발달(發達)하는 과정(過程)이고, 육체적으로도 스스로 자립하기 어려우므로 부모나 성인들의 BF를 파악하여 생존에 필요한 정보를 습득(習得)합니다. 또한 자녀는 BF를 내보내 부모나 돌보는 사람이 자신의 성장을 돕도록 유도(誘導)합니다. - 사람은 성장해서도 이런 능력을 계속 활용합니다.

0~2세 정도의 어린자녀는 부모나 아이를 돌보는 사람이 주변을 세심히 살피는 것과 같은 집중된 일정한 BF를 발산하지 않으면 자녀는 불안정하거나 실수(失手)를 저지르고, 또한 부모의 일정한 BF를 읽어내서 부모가 자신을 힘들게 할 것 같으면, 특정한 행동을 하여 부모의 행동을 방해하거나 억제(抑制)합니다. 또한 어린자녀는 부모가 갖는 적의나 호의를 그대로 읽어내서 그것을 행동으로 표출하기도 하는데, 부모 둘이 있을 경우 상황에 따라 부모 가운데 한 사람이 강하게 내는 BF에 반응(反應)합니다.

　　　어린자녀는 부모가 일정한 BF를 발산하지 않으면, 그것을 발산하도록 유도하기 위해 부모를 각성(覺醒)시키기 위한 자극적인 행동을 합니다. 이러한 것은 어린자녀가 부모의 관심(關心)을 자신에게 두게 하기 위한 자기본위의 의도로 당연한 행동입니다. - 주의력결핍 과잉행동장애(attention deficit / hyperactivity disorder, ADHD)가 나타나는 것이 BTC을 통한 안정감이 부족해서 주변사람의 BF를 유도(誘導)하기 위한 아이의 의도적 행동이라 파악됩니다. 의도적이지 않다면, BTC를 통한 안정감이 부족하므로 주변사람의 BF에 반응하여 자신의 행동이 이끌리는 것 일수 있습니다. 부모가 TV를 시청할 때, TV앞에서 노는 아이는 부모의 관심이 TV로 향하므로, 부모의 관심 범위에 있기 위해서 입니다. 이럴 때는 자신의 흥미만 생각하지 말고, 자녀와 놀아주는 것이 자녀와 자신을 위한 현명한 행동입니다.

2세가 넘어가면 어린이들은 부모의 행동에 대한 BF패턴을 어느 정도 읽어내어, 행동 전 의지의 BF가 나오면 특정행동을 하는 것을 알게 됩니다. 이후 부모나 주변사람이 특정행동(特定行動)을 할 때의 BF와 언어(言語)를 연결(連結)하여 파악하고, 커뮤니케이션이 이루어지게 됩니다. 그러면서 아이는 BTC를 점차 비중 있게 활성화(活性化)시키는데, 그로인해 부모의 BTC로 안정감이 생기게 됩니다. 이렇게 형성된 안정감으로 학습효과(學習效果)가 높아지면, 여러 BTC에 반응하여 이용하는 방법을 터득하게 됩니다. 7세 정도에 자아감(自我感)이 어느 정도 형성되면, 강한 BF를 내보낼 수 있게 됩니다. - 초등학교의 시작이 7세 정도에 시작되는 것이 아이의 자아감이 어느 정도 형성되어 정체성(正體性)을 유지할 수 있게 되었기 때문입니다.

개인의 차이가 있지만, 8세 이후에는 아이는 협동(協同)과 경쟁(競爭)에서도 상대하는 다른 아이들과 호의(好意)와 적의(敵意)의 BF를 사용하게 됩니다. 그리고

12세에서 13세 정도가 되면, 협력의 상대와 경쟁의 상대들이 어느 정도 윤곽(輪廓)이 잡혀나가기 시작하고, 성인들도 그쯤 되는 아이들을 협력대상인지 경쟁대상인지를 파악하여 반응(反應)을 합니다. 이때 학교에서 선생님들도 교육자이기 이전에 사회의 경쟁과 협력의 활동을 하는 성인(成人)이므로, 학교 안에서 아이에 따라서 호의와 적의의 반응이 달리 나타나게 됩니다.

  학교생활에서 아이들은 협력대상(協力對象)이면 BTC를 형성시키려하여 선(善)을 이루려하고, 경쟁대상(競爭對象)이면 폭력으로부터, BTF를 이용한 보이지 않는 압력(壓力)이 시작됩니다. 학교교육이 서열위주(序列爲主)로 되어버리면, 아이들의 경쟁관계가 심각하게 조성되는데, 이때 폭력을 쓰는 무리와 두뇌를 활발히 이용하는 아이들의 공격성(攻擊性)이 나타나게 됩니다.

  두뇌를 이용하는 정신(精神)활동은 물리적인 행위와 같이, 목적을 획득하여 자신을 이롭게 하려는 선악(善惡)이 존재하므로, 두뇌를 활발히 이용하는 이들 또한 공격성이 강합니다. 이런 공격성(攻擊性)이 BTF로 이루어져 경쟁자들 중, BTC를 통한 커뮤니티의 안정감(安定感)이 부족(不足)한 아이들을 좋지 않은 방향의 사고와 행동으로 이끌어 위험(危險)에 처하게 합니다.

  아이에게 있어서 BTC활동의 대부분은 가족 및

친척, 그리고 친한 친구에게서 이루어지는 것이므로, 공격받은 아이가 BTC활동이 부족(不足)하다면, 정신적으로 혼란(混亂)을 겪게 되어, 극단(極端)적인 행동을 보일 수 있습니다.

12세에서 13세에 사춘기와 비슷한 반응을 보이는 것은 이런 경쟁(競爭)과 협력(協力)의 본격적인 시작(始作)이기 때문이고, 17에서 18세정도가 되면 사회활동을 하기 위해 두뇌가 발달하여, 그로인해 BTC시스템의 대역폭(帶域幅)이 넓어지므로, BTC시스템의 조정(調整)을 위해 환청이나 가위에 눌리는 등의 경험을 하게 됩니다.

사회활동을 시작하게 되어 역할을 통해 경험(經驗)과 지식(知識)을 쌓으면 30세 전, 후로 안정된 BTC 커뮤니티를 형성(形成)시키려 합니다. 그런데 이런 커뮤니티를 형성시키지 못하면, 사회에서 일정한 BTF 대역을 점유하지 못하고 퇴출(退出)되거나 하위계층으로 몰리게 됩니다. 그러다 그 세대의 경쟁과정이 서서히 줄어들며, BTC로 이루어지는 커뮤니티에서 서로의 역할(役割)로 협력(協力)을 이루기 위한 활동을 하게 됩니다.

40대 이후에 커뮤니티를 안정되게 하는 것이 중요한 것은, 20대 및 30대의 젊은 사람들이 왕성한 BTF활동을 하기 때문으로, 이런 왕성한 BTF활동은 체력(體

力)을 기반(基盤)으로 두기에, 40대 이후에는 체력적으로 힘이 부쳐, 체력만 가지고 젊은이들과 경쟁할 수 없어, 주로 협력관계(協力關係)를 유지하려 하게 됩니다. - BTC 커뮤니티는 경제력(經濟力)과 관련(關聯)이 크며, 경제력과 상관없는 커뮤니티가 존재한다면, 이는 계층이 아닌 사교(社交)의 일종으로, 그 안에서 온갖 좋지 않은 BTF가 오고 갈 가능성이 농후(濃厚)합니다.

50대 이후가 되면 BTC의 활동과 BF능력을 주로 사용하므로, 이런 능력을 갖지 못하면, 서서히 인간관계가 소원해지게 됩니다.

강한 BF를 갖기 위해서는 체력(體力)은 기본(基本)이고, 경험(知識)과 지식(經驗)이 풍부(豊富)해야 합니다. 그러므로 나이가 들수록 지식과 경험이 중요한 부분으로 작용합니다. 어느 시기나 체력적으로 힘들게 되면, 사람들의 호의와 적의를 견디지 못하여 안정된 BTC관계를 이루지 못하고, 그로인해 퇴출이 이루어지게 됩니다.

남성이 여성보다 수명이 짧은 이유는 나이가 들수록 정신활동(精神活動)이 중요시되기 때문입니다. 남성(男性)은 주로 육체(肉體)를 쓰는 일을 하고, BTN을 하지만, 일을 수행하기 위해 발산(發散)을 주(主)로 했기 때문에, BTF를 수렴하여 파악하고 관리(管理)하는 BTC시스템의 능력이 여성보다 미흡(未洽)하여, 나이가 들수록 BTC시스템으로 들어오는 여러 호의와 적의의 BTF로 정신적 혼란과 두려움이 생겨 행동결정(行動決定)에 문제(問題)가 발생하게 됩니다.

그리고 이전부터, 남녀의 역할 구분을 통해 여성으로부터 들어오는 BTF로 BTC를 통한 안정감을 가졌기 때문에, 역할을 하지 않는 남성에게 여성이 BTF를 더 이상 보내지 않으면, 남성은 안정감을 잃고 두려워하여 정신적 혼란(混亂)이 더욱 가중(加重)되어, 에너지를 지나치게 소모하며, 이것이 남성의 수명을 짧게 하는 주요 요인입니다.

남성은 나이가 들수록 자기 분야의 지식과 경험을 이론화(理論化)하여 자신의 것으로 만들어 정신활동을 활발히 하고, 자신의 분야(分野)를 계속 개척(開拓)해야 사회에서 역할(役割)이 이루어지고 있다는 안정감(安定感)을 갖게 되고, 젊은이들로부터 존경(尊敬)과 보호(保護)를 받게 됩니다. 그리고 BTC의 간섭(干涉)이 노인들을 안정시켜주는 것과 동시에, 불안정하게도 하므로, 왕성하게 대인관계를 형성했던 이들은, BTC의 간섭으로부터 어느 정도 벗어나야, 안정감을 가질 수 있습니다.

삶은 수많은 사람들이 서로 다른 시각(視角)으로 살아가고 있습니다. 대체로 비슷한 시각을 가지면, 비슷한 BTF를 발산, 수렴하는 것입니다. 어린 시절부터 갖고 있던 본능을 실현하기 위한 초자아의 활동은 나이가 들어서도 같습니다. 만약 자신의 초자아가 만들었던 각 시기의 자아들이, 하나의 자아가 조금씩 변형되어 온 것이라면 행운입니다. 그만큼 좋은 부모를 만나, 좋은 두뇌를 갖고 태어나, 좋은 환경에서 자라, 굴곡 없이 살았다고 볼 수 있습니다. 그러나 많은 사람들은 구분될 수 있는 여러 개의 자아가 만들어졌을 것입니다. 나이 들어서도 그런 변화(變化)를 두려워하지 말고, 그 상황에 맞는 자신의 자아를 찾는 것이 보다 중요합니다.

여기 '요람에서 무덤까지'에서 다룬 내용은 사람마다 차이가 있으므로, 각자 자신의 경험에 비추어 생각해 보길 바랍니다.

하루

사람이 태양(太陽)이 뜨는 아침에 일어나는 이유는, 누구나 알고 있듯이, 에너지 공급이 충분할 때 움직이는 것이 몸의 에너지 효율(效率)을 높인다는 단순한 이유겠죠.

사람은 잠을 자면서 몸을 재정비(再整備)하고, 아침이 되면 강한 BF를 형성(形成)합니다. 그리고 같이 일하는 동료에게 서로 BTF를 강(强)하게 발산(發散)합니다. 그러면서 각자의 역할(役割)을 효과적으로 하게끔 유도(誘導)합니다. 그러는 한편 경쟁자에게는 적의의 BTF가 발산되어, 그의 정신에 압박을 주려 합니다. 보낸 적의에 경쟁자가 혼란을 겪으면, 그만큼 자신에겐 이롭기 때문입니다. - 아침에 일어나기 어려운 분들은 아마도 회사생활에서 BTC에 호의가 적고 적의가 많기 때문 아닐까요?

회사 일을 시작하면, BTN으로 자연스럽게 일이 이루어지면서, 그와 함께 자신의 주변으로 보내는 BF도 하루 중 가장 강(强)하게 됩니다. 그것은 일에 사용되는 에너지의 양(量)이 많기 때문으로, 그 만큼 뇌파를 비롯하여 BF도 강하게 나오게 됩니다. 그리고 BTF도 일에 관계된 대상을 향하므로 직진성도 강합니다.

이렇게 서로에게 BTF와 BF가 발산(發散)되어, 서로의 기운을 상승(上昇)시켜 일이 이루어지다가, 점심 먹기 전 11시 정도에 발산이 하락(下落)됩니다. 이때 몸의 움직임을 주위의 BF에 의존하던 사람은 잠깐 졸음이 올 수 있습니다.

　　　　식사(食事)를 하는 동안의 BTC는 대부분 호의(好意)로 바뀌고, 이후 BTC활동이 잦아들다가 에너지가 회복(回復)이 되면, 다시 BTN은 보다 안정(安定)된 상태에서 이루어지게 됩니다. 그리고 퇴근이 얼마 남지 않으면 다시 회사 내의 BTC가 잦아들며, 이때도 BF에 의존(依存)하는 사람은 졸음과 기운이 빠져나가는 것을 느끼게 될 것입니다.

　　　　퇴근(退勤)을 하면서 BTC를 이루는 커뮤니티가 가족(家族)으로 바뀝니다. 점차 날이 어두워지고 귀가하여 가족과 함께 있으면서 안정을 위해 BTF등 BF를 일정하게 합니다. 그러면 주변이웃과 친지 및 가족들과의 BTC가 안정(安定)적으로 됩니다. 이는 어두워지면 대상을 파악하기 어려우므로 BTC 커뮤니티에 더욱 의존하기 때문입니다. 이로써 안정감을 느끼면 잠이 쉽게 드는데, 잠이 들 때 이런 안정감이 없으면, 주변 BF에 대한 정보수집활동이 안정된 사람보다 상대적으로 커지게 됩니다. - 혼자 자는 사람이 꿈에서 이웃들의 BF를 종종 인식하는 이유이기도 합니다.

　　　　부부(夫婦)가 같이 잘 때는 서로 간섭(干涉)을

하여 안정감을 주는데, 너무 간섭하면 숙면(熟眠)을 방해(妨害)하게 됩니다. 이때 간섭받은 어느 한명은 코를 골고, 간섭을 주로 하는 민감한 사람은 코고는 소리에 잠을 이루지 못합니다. 코를 고는 이유는 의학적으로 여러 가지가 있겠지만, 여기서는 BF로 이루어지는 것에 대해 설명하겠습니다.

BF가 자는 사람에게 들어오면, 몸을 회복하는데 필요한 에너지의 일정량을 BF의 해석을 위해서 사용하게 됩니다. 피곤할 때는, 몸은 우선(于先) 먼저 에너지를 몸이 회복(回復)하는데 사용하기 위해, 잘 때 비슷한 BF가 빈번히 들어오면, 두뇌에 일정한 간섭을 주어 BF를 상쇄(相殺)시킵니다. - 양치기 소년이야기 아시죠? 이유가 비슷합니다. - 이것이 코를 고는 이유입니다.

코를 골며 일정한 리듬을 갖는 것이 두뇌에 자극을 주어 두뇌활동을 멍하게 하여, 몸의 회복에 필요한 에너지가 두뇌에 불필요하게 공급되는 것을 방해하는 것입니다. 그래서 육체적인 일을 하는 사람들끼리는 코골이 곁에서도 잠을 잘 이루지만, 주로 BTC활동을 하거나, BTF의 간섭을 주로 하는 사람들은 코를 고는 사람을 못마땅하게 생각하게 되는 것입니다. - 코를 고는데 사용되는 에너지가 두뇌활동에 필요한 에너지보다 상대적으로 작은 것이 코를 고는 이유일 것입니다.

부부 중 한명이 자신도 모르게 은연중(隱然中) 간섭을 하는 것이라면, 이때는 조금 멀리 거리(距離)를 두어 자는 것도 한 방법입니다. 아이들은 부모의 일정한 BF를 받아들여 안정감을 느끼는데, 보살필 때 나오는 부모의 BF가 아이에게 안정감을 갖게 합니다. 아이들에 대한 이런 간섭은 아이들의 숙면에 도움이 됩니다.

이렇게 잠이 들면 두뇌활동이 잠잠해지는데, 잠으로 몸이 안정되면, 서서히 강한 BF를 형성하여 잠에서 깨게 됩니다. 이렇게 새벽에 여성의 강한 BF가 BTF로 되어 발산하게 되면, 남성(男性)에게 수렴되어 발기(勃起)가 됩니다. 그리고 강한 BF를 형성하든가, 다른 BF가 잠을 깨워 다시 아침이 되어 활동이 시작됩니다. - 남성도 BTF를 발산, 정신활동의 처리능력이 부족한 여성을 자극시킬 수 있으나, BTF로 간섭하는 것은 주로 여성이 남성에게 하는 활동입니다. 그리고 남녀 모두에게 단지 BTF를 포함한 BF의 영향으로 나타나는 현상입니다.

일주일로 보면 월요일에 가장 강한 BTF가 발산되고, 이후 화요일이 BTN의 안정화가 이루어지고, 수요일이 잠시 잠잠하다, 목요일이 BTN의 활동이 화요일보다는 작지만 활발하게 이루어지고, 금요일이 되면 역할에 중점을 둔 BTN이 교류에 중점을 둔 BTC로 되어 주말과 주일에 사람들은 편안함을 가지나, 1살 전후의 유아들은 이런 편안함으로 발산되는 BTF를 BTC시스템에서 수렴하여 처리하느라 열이 발생할 가능성이 있습니다.

퇴근시간과 금요일 오후, 그리고 특히 연휴(連休)가 길 때, 부모의 안정된 BF로 유아(幼兒)가 안정되지 않으면, 외부의 불특정한 BTF로 인해 유아에게 발열(發熱)이 생길 수 있으니, 이시기에는 특히 부모의 각별한 주의(注意)가 요구됩니다. 이렇게 나타나는 발열은 주일저녁이나 연휴 마지막 날부터 줄어듭니다. 또한 이런 편안함으로부터 나오는 강한 BTF는 연로(年老)하신 분들의 심장(心臟) 및 혈압(血壓)에 무리(無理)한 영향을 줄 수 있으니, 위와 같은 날에는 활동을 조심스럽게 하는 것이 필요합니다.

계절과 날씨

우리나라 대한민국(大韓民國)의 예로 계절(季節)과 BTC관계를 간단히 설명하겠습니다.

11월, 태양으로부터 에너지 공급이 줄어드는 시

기에 사람들은 추위와 식량의 문제로 인해 서로의 필요성이 커져 유대감을 다지기 위하여, BTC의 의식적(意識的) 활동이 서서히 이루어지기 시작합니다. 그리고 겨울에는 에너지를 아껴야 하므로 BTC가 의식적으로 이루어져도 거리의 범위가 작습니다.

이렇게 겨울이 지나 태양이 따뜻한 빛을 공급하는 봄이 되면, BF의 활동이 활발해지게 됩니다. 이때는 서로 발산이 충분히 이루어지게 되므로, BTF도 강하게 나오게 되어 BTC가 이루어지면, BTN도 원활하게 이루어집니다. 이렇게 강한 기운이 형성이 되면, BTC활동은 주로 무의식적(無意識的)으로 이루어지게 됩니다.

따스한 여름은 체온을 유지시켜주는 태양 에너지의 양이 증가(增加)되고, 식량 또한 풍부(豊富)하므로 두뇌활동도 활발하여, 두려움이나 위험에 대한 급박함이 사라져 BTC도 무의식에서 범위가 넓게 이루어지고, 서로 간섭하는 것도 커지게 됩니다. 이로부터 친근감은 들지만, 서로 거리감을 멀게 가지려하기 때문에, 이때 사람은 개인적(個人的)인 성향(性向)을 보입니다. - BTC활동이 무의식적으로 이루어지므로 BTC활동에 의식의 이성이 관여하게 될 소지는 작을 것입니다.

가을이 되면, BTC의 활동에너지도 서서히 축소

(縮小)가 되므로 다시 가까이서 이루어지는 BTC를 통한 커뮤니티의 필요성(必要性)을 의식적(意識的)으로 느끼게 됩니다. 추석(秋夕)에 가족 및 친지가 모이는 것이 중요한 이유는 수확의 분배와 감사를 위한 것에도 있지만, 겨울철을 대비해 BTC활동을 강화(强化)하기 위한 것이라 여겨집니다.

그리고 차례를 지내는 의식(儀式)은 가장을 중심으로 서로의 BF를 일정하게 유지(維持)하는 데에 역할을 하고, 또한 조상을 섬겨 세대를 이어가는 얼을 계속 상기시키기 위한 것도 그 목적이 있다고 생각됩니다. - 이런 이유로 추석을 지내는 장소가 장손(長孫)의 집이 되는 것으로, 장손의 BTF가 BTC 커뮤니티의 중요 BTF입니다.

겨울이 지나 설이 되면, 겨울이란 큰 고비를 잘 넘겼는지 서로를 살피고 다시 한해의 BTC를 안정되게 하기 위해 모여 일정한 BF를 공유하기 위해 의식을 진행하는 것이라 생각됩니다.

날씨에 따른 BTC활동을 살펴보면, 비오는 날은 농사를 지어 수확을 하는 것으로 보면 기뻐야 하는데, 조직생활을 하는 사람들에게는 BTC가 이루어지는데 지장을 받게 되므로, 그런 사람들은 우울(憂鬱)하게 됩니다.

그러나 BTC로 공격적인 적의가 들어와 정신적 압박을 받는 사람들은 오히려 비오는 날이 즐겁게 됩니다. 바람 부는 날이 BTC에 영향을 주는 것에는 온도(溫度)에 따라 다르지만, 에너지가 흩어지는 것에 관련이 있어 BTC가 썰렁하게 이루어진다고 표현해야 할 듯합니다.

지역

비교를 단순하게 하기 위해 더운 지방과 추운 지방으로 나누어 설명하겠습니다.

더운 지방과 추운 지방은 정치방식도 다르게 되는데, 더운 지방은 체온유지에 들어가는 몸의 에너지양이 적어 BTC활동이 무의식적으로 이루어져 개인의 자아감(自我感)은 커지고, 위험에 대한 두려움은 작아지게 됩니다. 대신 서로 무의식적(無意識的)으로 간섭하는 것에 대한 감정(感情)의 증폭은 크고, BTF간섭이 두뇌에서 모두 처리되는 것이 아니라서, 성적(性的) 발산도 크게 됩니다.
이렇게 감정의 간섭은 큰데 의식화하여 분석의 필요성이 낮아지므로, 자아감이 큰데 반해 BTC의 의식적인 활동이 낮아, 더운 지방의 국가들은 특정 BTC커뮤니티를 중심으로 강력(强力)한 중앙세력(中央勢力)이 지배할 것입니다. 그리고 BTC활동에 대한 그 중요도가 낮으므로, 여성의 사회적인 위치 또한 높지 않게 됩니다.

추운지방의 경우는 위기의식(危機意識)이 높아 유대(紐帶)의 필요성이 크므로 정신활동에서 BTC활동이 의식적(意識的)으로 빈번히 이루어지므로, 강력한 왕권보다는 협력과 협동의 관계가 주로 이루어지게 됩니다. 그래서 무력으로 왕권을 형성하였다고 해도, 귀족들이나 종교의 힘이 크고, 시민(市民)들의 영향력(影響力)이 무엇보다 중요시 됩니다. 그리고 가족 및 사회에서 BTC를 주로 관리하는 여성(女性)이 존중(尊重)받습니다. - 북유럽의 스칸디나비아 반도의 나라들이 복지정책(福祉政策)을 정치적, 사회적으로 중요하게 다루는 이유는, BTC의 의식적인 활동으로, 국민(國民) 개개인의 안정(安定)이 국가(國家)를 부강(富强)하게 하는 가장 중요한 요소라는 것을 이미 알고 있기 때문이 아닐까요?

국토의 크기가 인구에 비해 상대적으로 넓은 지역을 가진 국가의 개인은 BTF의 발산(發散)이 풍부(豊富)하고, 인구가 오밀조밀한 국가의 개인은 주로 BTF의 수렴(收斂)에 민감(敏感)할 것입니다.

제가 '이럴 것이다. 저럴 것이다.'라고 가볍게 언급하는 것들은, 여러분이 앞서 1장, 2장에서 설명한 BTC시스템으로 생각해보면 쉽게 유추해 낼 수 있습니다.

문자

지금부터 다룰 문자와 BTC관계는 앞서 1장의 공진에서 기억을 떠올릴 때, 단어(單語)로 하면 이미지(image)로 하는 것보다 쉽다고 설명한 것과 같은 맥락(脈絡)입니다.

먼저 세종대왕(世宗大王)께 감사드려야겠습니다. 한글은 발음(發音)을 너무나도 쉽게 표기(表記)하는 문자(文字)여서 BTC활동에서도 특정한 단어(單語)가 오고가는데 명확(明確)하고 간결(簡潔)합니다.
BTC시스템으로 음성(音聲)의 신호가 들어왔다고 합시다. 일단 단어(單語)로 들어왔는데, '자기'란 단어입니다. 문자를 알지 못하는 사람은 '자기'란 단어가 들어오면, 경험상 '자기'란 단어가 내포하는 정보들을 떠올리며 아직도 자기란 음성에 대해 확정(確定)하지 못하게 됩니다. 이렇게 문자를 모르면 '자기'란 단어를 해석하는데 에너지가 많이 필요하지만, '자기'란 단어가 들어올 때 그 발성정보가 문자(文字)인 '자기'로 기록되어 버리면, 일단 신호에 대한 정보처리가 명확(明確)하고 에너지 소모도 작습니다. 이후 '자기'란 문자를 가지고 연상(聯想)을 시키기만 하면 됩니다.

　　　　한글은 문자의 획이 'ㅇ', 'ㅎ' 빼고는 수평과 수직, 대각선으로 명확(明確)하고, 문자와 발성의 관련성(關聯性)이 매우 높기 때문에 인식하여 받아들이기가 수월합니다. 표의문자인 중국문자의 경우 '자기'란 단어는 사성의 구분과 미묘한 발음상의 차이는 있다고는 하나 自己, 磁氣, 瓷器, 紫氣 등 수많은 '자'와 수많은 '기'로 이루어져, 정보처리 초기(初期)에 명확성을 갖기가 어렵습니다.
　　　　영국(英國)이나 미국(美國)에서 쓰이는 영어(英語)의 경우는 그래도 중국어(中國語)보다는 쉬운 편이나, 단어가 발음되는 것과 문자로 기록되는 것과의 관련성이 적고, 같은 단어라도 사투리에 따라 여러 발성을 보이며, 같은 문자라고 해도 단어에 따라 발음되는 방식이 틀려질 수 있고, 단어를 구성하는 어떤 알파벳은 아예 발음도 되지 않아 정보처리에 혼란이 올 수 있습니다.
　　　　알파벳의 이런 사용상의 단점을 극복한 곳이 독

일(獨逸)입니다. 독일어(獨逸語)는 알파벳의 발음을 하나로 규정(規定)해버려 정보처리의 혼란을 막아, 두뇌활동에서 문자의 정보처리에 드는 에너지 낭비를 가져오지 않게 하였습니다. 일본(日本)의 경우는 하나의 발음을 나타내는 하나의 문자가 있는데, 발음의 표기에 대한 한계(限界)가 있고, 다른 문자와의 관련성이 없습니다. 그리고 한자와 혼용하여 사용하기 때문에, 언어의 정보를 처리하기 위해서는 일단 한자(漢字)를 알아야 하므로, 중국보다는 정보처리에 드는 에너지가 작지만, 영어나 한글보다는 많은 양(量)이 필요합니다.

한글은 여기서 밝히지 않아도 그 철학적(哲學的)이고도, 과학적(科學的)이고, 고효율(高效率)의 정보처리능력(情報處理能力)을 보여준다는 것을 한국 사람이라면 모두 알 것입니다. - 독일의 과학(科學)과 철학(哲學)이 발전할 수 있는 바탕은 알파벳이 발성과 대비되어 명확했기 때문에 가능했을 것입니다. 그리고 적도와 북극의 사이, 적정한 위치에 있어 날씨가 덥지 않으므로 BTC의 의식적인 활동도 빈번하여, 언어의 명확성(明確性)과 함께 BTC의 의식화(意識化)가 독일인들의 조직화와 단결력을 높여, 과학기술과 함께 국민을 안정화시키는 법(法)과 같은 사회과학의 제도(制度) 또한 세계적으로 앞설 수 있었을 것입니다.

　　　　　BTC시스템에 오고가는 정보에 있어, 언어(言語)로 이루어지는 BTF는 그 처리가 이미지보다 쉽고, 문자(文字)로 명확성을 가지면, 초기(初期) 처리 속도가 빠르게 됩니다. 단지 단어가 문자로 확정이 되었다고 해도, 그 단어가 갖는 관련 지식이나 경험이 없다면, 쓸모없는 정보처리가 됩니다. 한글의 경우는 단어가 확정이 되어도, 다른 뜻을 갖는 글자가 많기 때문에, 정보처리를 위해 한자와 같이 뜻을 갖는 이미지화(image化)가 필요합니다. 이런 이유로 순수 한글로 기록되는 한국말과 구분하여, 한국말의 뜻에 근간이 되는 한자나, 받아들인 과학기술의 근간이 되는 영어 등 외국어(外國語)를 받아들여 습득(習得)해야 하는 중요한 이유가 여기에 있습니다. 중국어의 경우 단어의 초기에 받아들이는 정보의 확정성에는 에너지가 많이 필요하지만, 이후 단어가 목적하는 뜻을 확정하는 데는 빠릅니다. - 분야가 다르면 동일한 단어도 그 분야에서 쓰는 뜻으로 받아들여지게 되어 구분되지만, 분야가 서로 복합적(複合的)으로 작용할 때 문제가 발생될 수 있습니다.

　　　　　한국의 고도성장의 배경에는 한글이란 우수한 문자가 있다는 사실은 누구나 알 것입니다. 그와 비슷하게 북한이 아직도 그렇게 폐쇄성을 지니며 공산주의가 유지가 되는 것도, 한글이 있기 때문입니다. BTC로 이루어지는 커뮤니티의 형성은, 서로 정보처리가 빠르고 명확해지면, 쉽게 협력(協力)을 이룹니다. 그만큼 협력을 강화하여 BTC 중심이 된 지배계층이 스스로의 역할을 하지 못하고, 그들만의 이익으로 공포정치(恐怖政治)를 하게 되면, BTC의 영향력(影響力)이 크기 때문에 두려움이 크고, 그 커뮤니티가 변화를 갖는 것도 어렵습니다. 그러나 각자 개인(個人)이 선을 이루는 최선(最善)의 방법을 알게 되면 또한 쉽게 변화될 수 있습니다.

우리나라에 사기사건(詐欺事件)이나 기망(欺罔)하는 일이 많은 것은 BTC가 한글을 통해 서로 원활하게 이루어져, 사람과 사람이 쉽게 친(親)해지기 때문입니다. 문자가 어려우면 일단 언어를 처리하는 두뇌활동과 더 나아가 BTC로 정보를 처리하는데 시간과 에너지가 많이 소요되므로, 거기에 친밀감을 형성하여 다른 사람을 속이기에는, 과정이 복잡하고 에너지가 많이 들어, 속이는 사람이나 속이려는 대상이나 쉽게 이루어지지 않는데, 한글은 정보처리를 빠르게 하므로 기망하는 사람이 BTC를 이용하면, 마치 선을 이루는 사람처럼 느껴져 쉽게 속을 수 있습니다. - 언어의 발성과 문자의 관계로 볼 때, 독일에서도 사기 사건이 많지 않을까요?

우리나라 사람들은 상대의 마음을 쉽게 알 수 있습니다. 그래서 이를 이용하는 사람들도 많고, 이를 사기라 생각하지 않는 사람도 많습니다. 사람들은 삶을 사는데 고생(苦生)을 많이 해서 불안(不安)하고 약(弱)합니다. 그런 사람들이 협력(協力)하며 일을 추진(推進)하는 것입니다. 그런데 일을 추진하는 누군가가 자신과 밀접하게 느껴지고, 편안하고 강하게 보이면, 그 사람은 자신의 일정부분을 숨기고 있는 것이므로 조심해야 합니다.

사람은 말을 할 때 언어를 내뱉지만, 이때 언어에 담긴 뜻을 전달하는 것이므로, 경험(經驗)으로 얻은 감성(感性)의 BF도 함께 말투, 표정 등으로 표출(表出)하게 됩니다. 그래서 경험이 많은 사람은 말에서 상대방의 진심을 알기 위해, 상대로부터 나오는 언어의 BF를 읽습니다. 슬픔을 말할 때 슬픔을 겪었을 때에 경험했던 BF가 나오고, 기쁨을 말했을 때 그때 경험했던 BF가 나오게 됩니다. 이로써 상대의 진실한 BF를 파악합니다.

상대를 속이기 위해서도 경험으로부터 얻은 BF가 나올 수 있지만, 그렇게 하면, 속이는 사람은 자신이 말하는 거짓을 BF로 포장하면서 자신 또한 속이므로, 계속 그런 식으로 거짓말을 하면, 실제 생활에서 진실과 거짓을 구분하지 못하게 됩니다. 그래서 이런 위험으로 사람은 거짓을 이야기할 때 BF를 충분하게 발산하지 않습니다.

이런 이유로 이야기를 잘하는 사람들은 언어를 단지 말로 말하는 것이 아니라 그때 경험(經驗)으로 얻었던 감정(感情)이나 여러 느낌들을 다시 BF로 표출(表出)하기 때문에 사람들의 주의를 끌고 공감(共感)을 이끌어 내는 것입니다. 상대와 타협을 할 때, 상대를 설득하기 위해서도 진실(眞實)한 BF를 보여주는 것이 미사여구로 말하는 것보다 효과적(效果的)입니다. 이런 BF를 보여줄 수 있다는 것은 자신의 마음을 내보인다는 것으로 믿음을 갖게 하는 것입니다.

제 5 장

질병

봄이 되면, 사람들의 BTF 발산(發散)이 커지게 됩니다. 이렇게 증가(增加)된 BTF를 수렴시킨 연로(年老)

하신 분은, 겨울철에 BTF를 받아들이는 것보다, 두뇌활동이 자신의 의지와 관계없이 크게 일시적으로 나타나, BTF를 적절히 처리하거나 해소하지 못하면, 두뇌에 공급되는 에너지의 차이로 심장(心臟)에 무리(無理)를 주어 혈압을 증가시켜, 고혈압으로부터 뇌혈관파열이나 심장마비와 같은 위험을 줄 수 있습니다. 한편 활동이 적은 연로하신 분에게는 BTF가 수렴되지 않으면, 몸을 움직이는 자극이 들어오지 않게 되어 저혈압을 발생시킬 수 있습니다. 젊은 사람도 BTC를 무리하게 하면 고혈압(高血壓)이, 그렇지 않고 인간관계를 소홀히 하면 저혈압(低血壓)의 증세가 나타날 수 있습니다.

　　　　BTC로 두뇌활동이 증가되면 혈액(血液)의 공급이 증가되는 만큼 호흡(呼吸)도 빨라지고, 감소되면 호흡도 느려집니다. 한편 사람들은 불편한 대인관계와 같이 불필요한 두뇌활동을 하지 않기 위해서나, 깊은 생각이 필요한 경우 등은 인위적(人爲的)으로 호흡량을 조절하기도 합니다. 의식적으로 호흡을 조절(調節)하는 것은 두뇌에 혈액공급을 조절하여, 두뇌활동이 주변의 불필요한 BF로 간섭받는 것을 감소(減少)시키고, 자신의 관심사에 집중(集中)할 수 있게 합니다.

　　　　BTF는 두뇌활동에 에너지 공급을 무의식적(無

意識的)으로 늘리므로, 미끄러운 곳에서 움직이다가 BTF가 갑자기 수렴(收斂)되면, 순간 두뇌로 에너지 공급이 증가되어 일시적으로 몸이 상승(上昇)되는 기분을 느끼며 조심하던 주의력(注意力)이 분산(分散)이 되어, 중심을 잃고 넘어질 수 있습니다. - 특히 목욕탕(沐浴湯)에서 주의(注意)가 필요합니다.

BTF도 인체에 주는 자극이므로, 척수에서 받아들일 때 과부하(過負荷)가 걸리면 발작(發作)을 일으키고, 두뇌에서 효과적으로 처리되지 못할 때, 그 자극을 해소하기 위해 몸에서 열(熱)이 발생하든가, 성적흥분(性的興奮)의 상태를 가져올 수 있습니다. 일단 두뇌에서 처리가 되어도, 그 신호의 크기가 강(强)하거나, 성질이 일정하면서 반복(反復)되면, 두뇌의 특정부위를 압박하여 두통(頭痛)과 같은 증상이 나타날 수 있습니다. - BTF의 정보처리를 위한 기본은 충분한 에너지 공급에 있습니다. 그러므로 영양가(營養價)있는 식생활(食生活)이 무엇보다 중요합니다. 그런 뒤 경험과 지식입니다. 그리고 적의든 호의든 BTF는 다른 커뮤니케이션 수단처럼 사람을 움직이게 하는 자극입니다. 어떤 BTF든 자신의 삶을 풍요롭게 하는 자극으로 바꾸는 것이 중요합니다.

두뇌활동에서 BTC로 들어온 메시지를 해석하고 처리하는 데 있어, 부모(父母)가 무리하게 BTC를 이용하여 목적한 바를 해결하기 위해 적의(敵意)의 BTF를 보내게 되면, 자녀(子女)는 부모의 BTF를 주로 수렴(收斂)하므로, 자녀의 BTC시스템에도 무리를 주어 자녀가 정신적으로 혼란(混亂)을 겪습니다.

그리고 적의의 BTF를 계속하여 상대에게 보내면, 수렴자 두뇌의 일정부분을 압박(壓迫)하여 손상시키는 것도 가능할 수 있으나, 이런 것이 목적한 상대에게만 들어가는 것이 아니라, BTC관계가 보다 밀접(密接)하여 영향을 받는 자녀들이나 다른 가족에게도 수렴되어, 행동을 결정하는 정신(精神)이 되고 마음이 되며, 목적한 상대보다 더욱 큰 손상(損傷)을 일으킬 수 있습니다. - 부모에게 적의의 BTF가 수렴될 때도 자녀의 정신활동에 좋지 않은 영향을 줍니다.

이렇게 공격적(攻擊的)인 BTF는, 그것을 해석하고 처리하는데 두뇌가 무리(無理)하게 되고, 계속된 두려움이 현실생활에서의 관계 설정을 어렵게 하여 대인관계 불안(不安)으로 사회생활에 지장을 주며, 점차 정신질환(精神疾患)으로 나타날 수 있고, 심한 경우 신경전달물질을 지나치게 사용하게 하여 분비계통에 무리를 줄 수 있어, 신경계통을 손상시키는 병을 발생시킬 수 있다고 파악됩니다. - 어릴 때나 동안(童顔)의 얼굴은 다른 사람의 BF를 수렴하는 측면이 크므로, 특히 부모의 보호를 받지 않는 동안인 사람이 두뇌의 정보처리가 효과적이지 않을 때는, 사람들로부터 적의(敵意)가 계속 들어올 경우, 그 적의가 계속 두뇌를 압박(壓迫)하면 일반적인 사람보다 정신질환을 일으키기 쉽습니다.

칼슘(calcium)이 신경정보처리 물질인 컴플렉신 단백질의 촉매제 역할을 한다는 사실이 카이스트 윤태영 박사의 연구에 의해 밝혀졌습니다. 이것을 BTC활동과 연계시켜 생각해보면, BTC활동이 무리(無理)하게 이루어지는 사람들에게 칼슘의 충분한 공급이 이루어지지 않는다면, 몸은 치아와 뼈의 칼슘을 빼앗아 BTC활동에 사용할 것으로 추측할 수 있습니다. 따라서 치아질환(齒牙疾患)과 골다공증(骨多孔症)을 일으키는 주요원인의 하나는, 안정을 위해 무리(無理)하게 BTC활동을 하는 것이 아닐까 합니다.

그리고 이렇게 무리한 BTC활동을 하게 되면, 두뇌로 계속 에너지가 필요하여 혈액이 공급되므로, 손과 발에 혈류(血流)를 통한 에너지 공급이 부족(不足)해져, 수족냉증(手足冷症)의 증상이 나타날 수 있을 것입니다. - 남자들은 담배를 왜 피울까요? 니코틴과 BTC시스템과 어떤 연관이 있지 않을까요?

일상생활(日常生活)에 필요한 정보처리가 복잡(複雜)하고 에너지가 많이 소요(所要)되면, 주의력 부족이나 영양소 부족 등 생활과 건강이 좋지 않게 됩니다. - 중국 사람들의 경우 한자문화여서 한자를 이용한 정보처리에 어려움이 많아, 치아와 뼈 등 이와 관련된 질병(疾病)이 만연할 것이라고 유추해 볼 수 있을 것입니다.

적의로부터 마비

개인(個人)은 사회생활을 하면서 여러 사람과 서로 BF의 발산과 수렴을 계속하여 정보를 교류합니다. 그리고 이것을 바탕으로 행동이 이루어지는데, 호의(好意)와 적의(敵意)가 이런 활동의 중요한 BF성향입니다. 또한 개인은 일상에서 지나치는 또는 만나는 사람에 대하여 호의와 적의를 보이며 거리감(距離感)을 형성합니다.

사회생활에서 사람은 다른 사람이 간섭(干涉)하면, 간섭당하지 않기 위해 적의(敵意)를 발산합니다. 만약 A가 호감이 가는 모습을 하고 있어, B가 호의를 보였지만, A로부터 아무런 반응이나 이익이 없으면 B는 적의를

A에게 보내려 할 것입니다. 이렇게 A의 호감이 가는 모습도 B에겐 간섭을 당하는 것이어서 적의의 대상입니다.

BF의 관리능력이 부족하면 상대의 호의와 적의에 민감(敏感)하게 반응을 하게 됩니다.

기운이 없으면, 사람들의 적의에 대항(對抗)할 힘이 부족(不足)하여 사람들이 보이는 적의에 더욱 민감해지고, 누군가 호의를 보였을 때 평소보다 가깝게 느껴지게 됩니다. 이런 사람들은 일상적으로 주변에 지나가는 불특정(不特定)한 사람들로부터 오는 적의(敵意)에도 민감(敏感)하여 두려운 감정을 갖게 됩니다. - 사람은 호의와 적의로 거리감을 형성하므로, 개인마다 각자의 처지와 사회분위기에 따라 호의와 적의를 적절히 균형 잡아 거리감을 형성하고 있으며, 일상에서 변화하는 상황에 따라 거리감을 조절하는데, 거리감의 변화가 없는 상대라고 해도 기운이 없으면 상대의 적의가, 기운이 풍부하면 상대의 호의가 상대적으로 크게 느껴지게 됩니다.

이렇게 시선공포증(視線恐怖症)이 나타나면, 사람들이 자신에게 적의를 보내는 것으로 느껴지므로, 자신은 호의를 보여 사람들로부터 들어오는 적의를 감소시키고자, 스스로 에너지를 발산하여 호감(好感)이 가는 표정을 하려 하는데, 그것이 오히려 적의(敵意)를 받게 하고,

또한 그것으로 인해 누군가가 호의(好意)를 보이면, 호의를 보이는 상대에게 친밀감(親密感)이 들어 호객(呼客)에 쉽게 걸려들고, 때론 도(道) 닦았다는 분들이 접근하는 것을 경험하게 됩니다.

그로인해 자신의 에너지가 더욱 소모(消耗)가 되면, 그때부터 사람들이 자신의 에너지를 빼앗아가는 두려운 존재가 되어 대인공포증(對人恐怖症)이 나타납니다. 이 모든 것은 기운이 없을 때 발생되는 것입니다. 기운이 없다는 것은 BTC형성도 부족하고 사회의 역할도 일정하지 않은 상태입니다.

절규(Der Schrei, Edvard Munch, 1863~1944)

그렇게 기운이 없이, 자신이 알지 못하는 불특정(不特定)한 사람들이 모여 있는 곳에 있으면, 에너지가 부족하여 일일이 불특정한 사람을 파악하여 대응하기 어려우므로 BF를 통한 정보의 교류(交流)도 미비(未備)하고, 주변 사람들로 인해, 그나마 몇 명 되지 않는, 자신이 속한 커뮤니티와의 BTC활동도 방해(妨害)를 받으므로, 이때 모여 있는 사람들과의 선악(善惡)의 범위에 대한 판단이 불분명(不分明)해지면 안정감을 잃고, 여기에 다른 이들의 강한 BF의 자극이나 적의를 느끼면, 자신의 행동에 대한 방향성을 결정하기 곤란해지며, 또한 이에 이끌리는 것에 대해 극도(極度)로 두렵고 불안(不安)한 상태가 될 수 있는데, 뭉크의 절규는 아마도 이런 공황장애(恐惶障碍)를 표현한 것으로 보입니다.

강박증(强迫症)은 BTC로부터 안정감이 부족하므로, 스스로 자신의 행동방식(行動方式)을 만들어 안정감(安定感)을 갖추기 위한 정신활동입니다. 강박증이 나타날 때 방식이 맞지 않으면 계속 신경이 쓰이고 불안해지는 것은, 자신이 속한 커뮤니티에서 역할과 협동에 대한 이해가 부족하기 때문입니다. 강박증은 자신의 행동이 자신에게 해를 입히거나 마음에 상처를 남기는 경우에도 나타나는데, 이는 다른 자아로부터 간섭(干涉)당하여 자신의 행동이 적정하지 않았기 때문일 가능성이 높고, 이는 학습과 자아의 형성에 좋지 않은 간섭을 당한 경우입니다.

일로부터 생겨난 이해관계가 아닌, 일상생활에서 의도적(意圖的)으로 적의(敵意)가 나타나는 경우는, 경기가 좋지 않아 사회분위기가 침체(沈滯)되어 삶이 힘들 때, 만면에 웃음을 띠는 사람이 있으면, 그 사람은 자신과 BTC관계가 아니라고 생각하여 대다수 사람들은 그 사람을 향해 적의를 보내게 됩니다. 그리고 예절(禮節)이 부족한 사람도 적의의 대상이 됩니다. 사회활동에서 사람들이 서로 민감하게 상대의 BF를 파악하여 교류할 수 없으므로, 사회적으로 상황에 따른 일정한 행동방식이 합의되어 요구되어지므로, 행동이 이에 따른 예절에 맞지 않아도, 사람들은 그에게 적의를 보내게 됩니다. 유행(流行) 또한 경제활동의 구성원으로서, 서로 협력관계를 맺고 있다는 것을 드러내는 표시로, 경기흐름의 이러한 것에도 어울리지 않으면, 적의의 대상이 될 가능성이 있습니다.

이렇게 적의(敵意)가 계속 들어오게 되면, 적의를 받는 사람의 몸에선 적의에 대응(大鷹)하는 행동을 요구하는데, 이러한 반응이 사회적인 관계에 의해 억제(抑制)가 되면, 무의식적으로 행동을 유도하는 신호와 의식적으로 행동을 억제하는 신호가 충돌(衝突)을 하게 되어, 이러한 상태가 계속되면 신호가 몸의 여러 다른 곳을 자극하여 몸에서 이상반응(異常反應)이 올 수 있고, 오랜 기간 지속(持續)되면 중풍과 같이 몸의 마비(痲痺)가 올 수 있습니다. - 적의에 대응되는 행동은 주로 남자에게 있어서는 물리적 측면이고, 여성에게 있어서는 주로 적의의 BF를 이용하는 정신적 측면으로 보며, 억제가 오래되면 남성의 경우 몸의 오른쪽이 여성의 경우 왼쪽에서 마비증상이 나타난다고 파악하고 있습니다.

　　　　자신이 일정한 자아를 형성시키거나 유지되는 것을 상대가 흩뜨려도 적의가 생기고 적대적 행동이 나타나게 됩니다. 상대의 자아가 형성되거나 유지되는 것을 방해하는 방법 중 하나는, 조롱(嘲弄)하며 마치 상대를 우습게 여기는 듯, 말과 행동을 보이는 것으로, 이것 또한 일정한 관념패턴(觀念pattern)이므로 파형(波形)을 갖고 있어, 이러한 관념패턴이 상대의 적의(敵意)의 행동을 유도(誘導)하는데 빈번히 이용되고, 상대의 일상을 혼란(混亂)시키기 위한 BTF로도 사용됩니다. 이런 관념패턴은 주로 덩치가 좋은 쪽에서 좋지 않은 쪽에게, 직접적인 물리적 행동 없이 상대의 기운을 흩뜨릴 때 사용됩니다. 반대로 덩치가 작은 쪽에서는 덩치가 큰 쪽으로 조롱하는 방식이 효과적이지 않으므로, 주로 상대를 덩치가 큰 것으로부터 오만(傲慢)하게 하여 타락(墮落)시키는 방법이 사용됩니다.

무시

　사람은 무시(無視)를 당했을 때 적의(敵意)가 매우 크게 나타납니다. 그래서 의도하지 않았는데 사람을 무시하게 되어버리면, 상대에게서 적의가 자신도 모르게 자신을 향하게 됩니다. 적의는 파괴적 행동을 표출하기 전의 의지이므로, 사회관계(社會關係)로 억제(抑制)되어도, 무시당한 사람의 정신은 생존(生存)을 위해 이것에 대한 행동을 계속 요구(要求)합니다.
　그리고 무시한 사람에게 계속 적의의 BF를 보내는데, 여기서 무시당한 사람이 무시한 상대나 조롱한 상대에 대한 정보를 모르면, 그 적의를 자신이 평소(平素) 적의의 대상으로 여기는 사람에게 보내는 경향이 있습니다. - 상대를 파악해 적의를 보내도 무시당한 사람의 BTF가 충분하지 않으면 효과가 없고, 상대가 BTC로 안정을 이루고 있어도 효과가 거의 없습니다.
　이런 무시(無視)는 일상생활(日常生活)에서 자신이 싫어하는 사람에게 은근히 사용되는데, 차례가 있는 것의 순서(順序)를 바꾼다든가, 대화(對話)할 때 그 사람이 없는 듯 이야기한다든가, 그 사람이 요구(要求)하는 일처리를 하지 않는다든가 하는 등입니다.

　　　　이렇게 무시가 되면 무시당한 사람은 자신의 존재감이 없어져, 정체성에 위협(威脅)을 받는다고 느끼게 되어, 상대에게 대응(對應)하여 자신의 존재감을 보여주는 행위가 유발(誘發)되는데, 무시한 상대는 의도(意圖)된 무시로 인해 대응하는 무시당한 사람의 에너지를 받아, 자신의 존재감을 높이는 삶의 자극(刺戟)으로 만들고, 상대의 에너지의 방향성에 간섭(干涉)을 하려 합니다.

　　　　그렇게 되지 않아도 상대는 그 무시로부터 비롯된 적의로부터의 적대적 반응과 선(善)을 지향하는 사회관계에 의해, 적대적 행동을 억제(抑制)하는 충돌로 몸에 이상반응(異常反應)이 유도되므로, 무시한 사람은 상대를 좋지 않게 하여, 승과 패로 비롯된 승리감(勝利感)으로 자신의 존재감을 유지하는데 사용합니다. 이런 의도된 무시는 주로 정신(精神)활동을 하는 사람들 중 스스로 사회적 약자(弱子)라 생각되는 부류에서 주로 나타납니다.

　　　　낮 동안 이렇게 무시되거나 적의가 들어오는 것을 의식적으로 모르고 밤을 맞이하면, 무의식은 불안해하며 해결방법을 찾으려 하므로, 밤에 잠을 제대로 이루지 못하는 등 생활(生活)에 지장(支障)을 주게 됩니다.

사회관계로부터 오는 적의는 대응하기 어려우므로 이런 적의를 발생시키는 예절(禮節)에 맞지 않는 행동을 바꿔야하고, 불합리한 무시나 적의에는 그때그때 적절히 대응(對應)하거나 해소하는 것이 필요합니다. 무시를 당하지 않거나 적의가 들어오지 않게 하는 간단한 방법은, BTC를 통해 자신의 역할(役割)을 충실히 하며 사람들과 선(善)의 관계를 갖는 것입니다. - 해결방법은 간단하지만 실제로 풀기에는 그렇게 쉽진 않겠죠.

조증과 울증

BTC는 가족으로부터 친구, 동료 및 주변사람들과 자연스럽게 이루어지는데, 이러한 관계가 불안정(不安定)하게 이루어지면, 데자뷰와 자메뷰를 겪게 되는 것과 비슷하게, 조증과 울증이 나타나게 됩니다. 평소와 같지 않게 호의의 BTF가 들어와 BTC가 활발하게 이루어지면 선을 이룬다는 즐거운 감정이 생기게 되는데, 이때 스스로 마음을 조정할 수 없는 조증(躁症)의 상태가 될 수 있고, 이때는 자신이 가진 에너지보다 더 많은 에너지를 가졌다는 착각(錯覺)을 하게 되어, 에너지의 발산이 필요 이상으로 나오게 됩니다. 이렇게 되면 자신에겐 해(害)가

되어 악(惡)인데도 BTC로 인해 선(善)을 이룬다는 즐거운 감정(感情)이 지배적이어서 두려운 감정을 갖지 못하고, 이성적으로 이해(利害)관계를 밝히는 것에도 소홀(疏忽)하게 됩니다.

이렇게 순간적이거나 거짓의 BTC에 휩쓸리면, 바로 울증(鬱症)이 나타나는데, 이는 BTC가 이루어지려 했던 것이 이루어지지 않으므로 두려움이 생기고, 또한 조증의 상태에서 자신의 에너지를 필요이상으로 발산하였기에 얻는 것 없이 실제적으로도 손해(損害)가 되어, 상실감(喪失感)을 가져오기 때문입니다. 이런 상태가 반복(反復)되는 것이 조울증(躁鬱症)입니다.

조증을 유발하는 것은 상술(商術)에서 빈번히 이루어지고 있는데, 음악효과나 스타마케팅이나, 점원이 고객을 상대할 때 지나친 친절을 베푸는 등의 행위들을 들 수 있습니다. 이렇게 조증을 유발하는 것은 일상적으로 허용(許容)되고 있으므로, 물건을 구입을 할 때 이런 상술에만 휩쓸리게 되면, 물건을 반품하거나 구매를 후회(後悔)를 하게 됩니다. 이러한 조증의 유발은 사람들의 관계에서도 이해관계에 의해 늘 일어나는 일입니다. - 구매(購買)도 커뮤니티 활동입니다. 매장에서 옷을 입었을 때, 판매하는 직원이 호의의 BTF를 보내면, 거울에 보이는 자신의 모습이 더 멋지게 보입니다.

BTC를 이루는 것에 대한 즐거움을 이용하는 것은, 유흥산업이나 엔터테인먼트사업이 대표적일 것입니다. 이러한 것이 악질적으로 일어나는 것 중 하나는 노인(老人)을 대상으로 한 판매사기(販賣詐欺)인데, 노년은 역할(役割)에서 점차 물러나게 되어, BTN의 활동이 하락(下落)되는 시기이기 때문에, 물품 판매자들이 이런 시기의 노인에게 역할을 주면서, BTN으로 선(善)의 관계가 형성되는 것처럼 태도와 분위기를 조장(助長)하면, 노인들은 판매자와 서로 BTC로부터 선이 이루어진다는 즐거운 감정(感情)을 갖게 되어, 물품액수와 관계없이 상대와 BTC를 이루기 위해 금액을 지불(支拂)하는 경우가 있습니다. 이렇게 되는 것은 피해노인들에 대한 가족의 이해부족과 무관심(無關心)으로부터, 피해노인들이 BTC관계의 형성에 대해 냉철(冷徹)히 대응(對應)하지 못한 것에서 비롯됩니다.

사람을 타락(墮落)시키는 방법에도 조종이 이용되는데, 예로 X가 선을 이루기 위한 의도가 아니라 A를 해하려는 목적을 갖고 A와 BTC를 이루어 A에게 계속 에너지를 주면, A는 사회조직에서 일에 대한 역할로 인해 형성되는 BTC로 비롯된 기운의 상승과 안정감이 아닌,

단지 선을 이룬다는 즐거운 마음이 계속 이루어져, 에너지를 발산(發散)하게 됩니다.

또한 X가 A로 하여금 에너지를 발산하고자 하는 욕구(欲求)를, 단지 말초적(末梢的)이거나 경쟁적(競爭的)이고, 소비적(消費的)인 일에 관심을 갖게 하면, A는 그 곳에 계속 에너지를 소모(消耗)하게 됩니다. 이렇게 되다 어느 순간 X가 BTC활동을 중단(中斷)하면, 또한 더 이상 A에게 에너지를 주지 않거나, A에게 더 이상 발산할 에너지가 남아있지 않게 되면, A는 그 순간 자신의 손해(損害)를 알게 되어 상실감(喪失感)을 갖고, 울증(鬱症)의 상태가 됩니다. 울증은 악(惡)이 이루어졌으므로 앞으로도 해(害)로울 것이라는 두려움을 갖는 상태인데, 두려움이 지배적인 상황에서 X가 위협(威脅)을 가하게 되면, A는 대응할 에너지가 별로 남아있지 않아, 그 위협이 의도하는 데로 순응(順應)하든가, 아니면 견디지 못하는 상황에 처하게 됩니다.

조울증을 빈번하게 겪는 사람은, BTC시스템 자체(自體)에 문제가 있거나, BTC를 이루고 있는 상대의 BTF를 처리하는데 사용되는 에너지양이 조울증을 겪는 사람이 처리할 수 있는 수준이상(水準以上)이거나, BTC활동이 부족(不足)하기 때문일 수 있고, 아니면 BTC를 이루고 있는 상대가 너무 많고 불규칙적(不規則的)이기 때문일 수 있습니다. 대중문화(大衆文化)에 종사하는 사람이나 정치인(政治人)들이 BTC를 이루고 있는 상대가 너무 많고 불규칙적(不規則的)이고, 또한 상대하는 이들의 BTF의 크기도 편차(偏差)가 클 것이기에 조울증을 겪을 수 있는 가능성이 높습니다. - 개인에게 있어 BTC를 형성할 수 있는 사람은 개인차는 있지만 한정적(限定的)이고, 또한 각 역할이 구분되어져야 하므로, 사회활동을 적절히 하여, BTC를 안정적(安定的)으로 하는 것이 중요합니다.

환청

초자아는 의식적으로 상황을 두려움과 즐거움으로 구분하여, 상황에 반응을 하면서 에너지의 적정한 공급량을 파악하고, 각 상황에 맞는 행동방식과 사고방식을 무의식화하며, 이로써 에너지가 효율적으로 운용되면 자아를 형성시키고, 자아가 형성이 되면 초자아는 무의식에서 주로 활동을 합니다. 이렇게 되면 상황에 대한 분석과 판단은 초자아에서 자아를 거치며 이루어져 안정감을 갖습니다. - 자아는 의식적으로 몸의 에너지를 관리합니다.

이런 자아는 각 시기를 거치며 변화하게 되는데, 변화의 폭은 개인적인 경험과 환경의 차이에 따라 다릅니다. 그런데 이런 변화가 제때 이루어지지 않거나 상황과 맞지 않게 되어, 자아가 더 이상 몸을 보호하지 못하면 다시 초자아(超自我)가 의식적(意識的)으로 활성화(活性化)됩니다. - 성인들에게 있어 초자아의 의식적 활성화는 주로 위기의식으로 비롯됩니다.

        우울(憂鬱)한 상태가 되면 자신이 만든 자아(自我)가 자신의 생존에 적합하지 않다고 판단이 되어 자아의 관리능력이 축소(縮小)되고, 초자아가 의식적으로 활동을 하게 되는 상황이 나타납니다. - 위축된 상태에서는 주로 두려움이 생겨 BF의 발산도 스스로 억제하고, 주변 BF에 민감하게 반응을 합니다.

        초자아가 의식화된 상태에서 외부에서 BTF가 BTC시스템으로 들어올 때, 그 정보가 음성정보이면 그 정보를 초자아가 무의식에서 처리하고, 변수가 나타날 때 그것을 의식화하여 자아를 통해서 파악하는 과정이 없이, 정보를 곧바로 초자아(超自我)가 의식적(意識的)으로 처리(處理)하게 되면서 환청(幻聽)이 들리게 됩니다. - 초자아의 의식화는, 물리적 현상에 대해 자신이 저장한 기존의 정보를 배제하고, 자신의 감각과 능력을 이용하여 다시 분석하여 대응 방식을 찾기 위해 많은 에너지를 소모합니다. 그리고 이때는 외부자극에 대한 선악의 판단을 두려움과 즐거움으로 표출하게 됩니다.

깊은 잠을 잘 때 들어오는 BTF는 BTC시스템을 자극하여 두뇌에 에너지가 공급되어, BTC시스템을 통해 초자아로부터 자아로 정보의 분석과정을 거치게 되므로, 의식에 곧바로 간섭을 하지 않습니다. 그런데 이때 자아가 활성화되지 않으면, BTF의 정보가 그대로 인식되어 버립니다.

자아의 문제

이렇게 초자아가 자아(自我)를 거부하여 축소(縮小)가 된 상황에서는, BTC시스템으로 들어온 정보들의 분석과 판단이 제대로 이루어지지 않으므로, 누군가가 생각하는 BTF가 계속 들어오게 되면, 그것을 자신의 생각으로 착각(錯覺)하여 행동할 수 있습니다. 이러한 현상은 울증의 상황이 아니더라도 나타나는데, BTC가 원활히 이루어지는 상황에서 자아의 형성이 방해(妨害) 받거나하여, 성기게 형성되면, 자아의 정보 분석과 판단만으로는 행동에 필요한 정보(情報)가 부족(不足)하게 됩니다. 그로인해 초자아는 자신의 행동을 결정하는 데 보다 많은 정보(情報)를 필요(必要)로 하여, 주변사람이나 BTC시스템으로 들어와 증폭(增幅)되는 다른 사람의 감정(感情)과 생각(生角)을 자신의 감정과 생각으로 받아들여, 자신의 행동(行動)에 도움을 주려 합니다. - 들어오는 정보에서 가볍고, 대중적인 정보는 쉽게 인식되어 영향을 주는 반면, 심도 있고, 개인적이고, 은밀한 정보는 그에 대한 지식과 경험이 없으면 파악하기 어려워 영향을 받기 힘듭니다.

이때 자아(自我)의 활동크기가 작거나 소극적(消極的)이어서 BTC시스템에서 증폭된 채널의 자아와 그 정보들을 자신이 만들어 놓은 자아가 적절히 분별하고 받아들이는 등의 처리를 하지 못하면, 증폭된 채널의 어떤 자아x가 그 순간 자신의 자아와는 독립적(獨立的)이고 주도적(主導的)으로 자신의 마음이 되어 생각과 감정, 행동을 지배(支配)하게 됩니다. 따라서 자신의 선악과 x의 선악의 범위가 다르고 대응도 다르므로, 자신의 선악의 분별과 관계없이 자신의 몸이 행동되어질 가능성(可能性)이 있습니다.

이런 현상은 복합적(複合的)으로 나타날 수 있는데, 자신의 일에 대한 행동은 자신의 의지(意志)로 이루어지고, 감정은 BTF로 들어오는 자아x에 의해 이루어질 수 있습니다. 만약 전기를 다루는 위험한 일을 하는데, BTF로 BTC시스템에 수렴되어 증폭된 어떤 자아가, 주로 일을 할 때, 대상과 친밀감을 주는 그런 감정을 가지는 사고방식이라면, 그리고 그 사고방식이 증폭되면, 전기(電氣)에 대해 친밀(親密)하게 느껴 위험(危險)한 상황에 놓이게 됩니다.

반대로 자신의 마음과 다른 이의 행동에 대한 의지가 결부될 수도 있습니다. 이것은 자신 주변이나 BTC를 이루는 사람으로부터, 행동 전에 발산되는 의지의 BTF가 자신에게 들어올 때 일어날 수 있습니다. - 사회생활에서 사람들은 주로 직업을 통한 BTC로 BTN을 이루므로, 자신의 직업(職業)과 관련(關聯)된 감수성(感受性)으로 자아(自我)를 형성(形成)해 놓고 있어야, BTN이 이루어지는 다른 구성원의 직업적인 BTF의 영향력(影響力)을 적절히 수용(受容)할 수 있고, 이로써 서로 BTN으로 협력이 원활하게 이루어질 수 있습니다.

자신에게 행동에 필요한 정보와 판단력이 부족하여 자아가 제대로 처리를 하지 못해, 수렴된 정보가 그대로 정신활동에 들어오면, 환청이나 이미지 왜곡, 혼란을 겪고, 더 심하면 다른 사람의 생각이 자신을 움직이는 마음이 되어버려 자아의 정체성(正體性)이 사라져 위험(危險)합니다. 울증(鬱症)은 BTC활동이 부족해서 나타나는 것이라 스스로 자각(自覺)을 하지만, 울증의 상황도 없이 조증(躁症)의 상황에서 이루어지면, 위기의식이 부족하기 때문에 울증보다 더 큰 위험(危險)에 직면할 수 있습니다.
- 사람을 위험에 빠뜨리고자 하는 이들은 상대를 두렵게 하기보다는 오히려 조증으로 유도합니다. 그러므로 어느 순간 뜻하지 않게 만족스럽고, 들뜨면 위험한 시기이므로 그 이유를 파악해야 합니다. 그리고 현대 사회는 국가에서 법으로 사람들을 규율하므로, 상대를 억압하는 방법으로 대체로 폭력을 쓸 수 없게 되어, 조증을 일으켜 울증으로 유도하는 방법이 빈번하게 사용됩니다.

자아의 형성이 부족했던 사람들은 이렇게 다른 사람의 의식이 자신을 지나치게 간섭하게 되면, 그때부터라도 경험과 학습, 지식, 기술을 통해 자아를 가꿔야 하는데, 자아감(自我感)만을 생각하여 사람들과 거리(距離)를 두면, 조직이나 사회에서 멀어지게 됩니다.

자아가 BTF로 영향을 받는 것과는 다르게, 의식적이든 무의식적이든 어떤 상황에 직면했을 때, 그 상황에 대한 행동방식이나 사고방식 등, 적절한 해결능력을 갖지 못하고 있으면, BTC시스템의 여러 자아들로부터 해결방법(解決方法)을 찾으려 하는데, 그 방법들이 자신의 자아로 해석되어 나타나지 않고, 여러 자아들이 독립적(獨立的)으로 나타나게 되면 정신분열증(精神分裂症)으로 보이게 됩니다. 또한 자신에게 영향을 준 중요한 자아채널이 하나이고, 그 자아로 문제를 해결하면, 다른 인격(人格)이 나타났다고 표현할 수 있습니다. - 자신의 생존을 위해 자아채널에 존재하는 자아가 분열된 마음으로 독립되어 활성화될 수 있다고 파악됩니다.

　　　　더 나아가 어떤 사람이 오랜 노력과 경험으로 일반적으로 형성할 수 없는 특정대역(特定帶域)에 어떠한 형태의 자아a를 형성해놓고 그 분야 사람들이 받아들이고 있으면, 그 a대역이 일반적이지 않고, 또한 에너지 관리방식이 다르므로, 그 분야의 사람에게 일반적으로 활성화되지 않아도, 그 자아a대역이 활성화될 수 있는 상황이나 필요하거나 가능할 때 그 자아가 나타날 수 있다고 여겨집니다.

　　　　이와 비슷하면서도 반대로, 자아의 형성이 매우 부족한 사람이 상황을 대응하기 위해 변화를 요구하는 자아가 필요할 때는, 사람들이 다른 사람의 영향력을 축소하거나 확대하여 자신의 정체성을 유지하기 위해, 필요에 의해 사람들의 의식 안에 심적 거리감으로 만든 적의나 호의의 성향인 가상적(假想的) 자아(自我)의 전이(轉移)가 이루어질 수 있고, 이때 자아의 형성이 매우 부족한 자존심을 중요하게 생각하는 사람은 다른 사람들과의 거리감을 형성하기 위해 적대적(敵對的) 자아를 자신의 자아로 받아들일 가능성이 큽니다.

만약 같은 커뮤니티 안의 어떤 B와 C사이에서 B에게 자아b와 가상적 자아β(베타)가 있을 경우 C에게 가상적 자아β가 전이되어 활동을 하면, C가 β를 주로 사용하게 되면, B는 β를 활성화시키면 자아감이 증폭되어 간섭을 받게 되므로, B의 정체성을 위해 β를 활성화시키지 않고, 그 때 상황에 맞는 다른 가상적 자아β'를 형성시킵니다. 그리고 이렇게 전이된 자아β는 C가 형성시킨 것이 아니기 때문에 C의 자아c가 주로 활성화된 상황에서 c로 대처를 하지 못할 때 β가 나오는 것으로 일시적이고, 채널을 형성하지도 않습니다. - 가상적 자아는 자신에게 불리하거나 특정한 상황에서 나오는 일종의 자아감을 갖는 사고방식(思考方式) 정도로 생각해도 됩니다. 그러나 자신의 자아가 이런 자아를 적절히 다루지 못하면 가상적 자아가 생각을 지배하여 행동을 이끌 수 있으므로 난처해지거나 위험할 수 있습니다.

사람은 살아오면서 성장과 변화과정을 거치며

자아들을 형성하는데, 이때 현재 자신의 상황에 맞게 형성된 자아가 아닌 다른 자아가 나타나면, 몸의 에너지관리방식도 바뀌어 전혀 딴 사람으로 보인다는 말을 쓸 수 있을 정도로 얼굴의 모습이 다르게 변하게 됩니다. 이것과는 다르게 표정이 달라지지 않고 목소리만 어리게 바뀌는 경우는, 자아보다는 해소되지 못한 관심부족의 욕구불만일 가능성이 큽니다. 그리고 일시적으로 학습된 사고 및 행동이 나타날 가능성이 있는데, 이때는 단지 모방에 불과합니다. - 민감한 사람들은 BTC시스템에 들어오는 여러 채널의 BTF에서 주요 채널의 BTF의 성질이 변화되는 것에 의해서도 그 채널의 자아를 간섭하는 다른 자아의 파악도 가능할 것입니다.

제 6 장

퇴출

개인이 역할 수행능력이 부족하지 않아도, 이유 없이 조직에서 퇴출되는 것은, BTC관계를 소홀히 했기 때문입니다. 그렇게 개인이 퇴출(退出)되면, 일에 대한 역할로 비롯된 BTC로 이루어지는 안정감이 사라지고, 기운도 하락되어 불안한 상태가 되는데, 이때 이러한 불안(不安)한 상태에서는 BTC를 악용(惡用)하는 이들이 접근하게 됩니다. 이런 사람들의 특징은 역할보다는 부족한 인간관계를 파악하여, 호감(好感)이나 친근감으로 BTC를 먼저 이루려한다는데 있습니다.

　　　　이렇게 불안정한 BTC를 이루어도, 사랑이나 믿음을 가지는 것이 일반적입니다. 그 이유는 가족은 BTC로 사랑을 느끼고, 동료와 BTC를 이루면 믿음을 가지기 때문인데, 그러한 경험의 영향으로 형성된 감정을 통해 서로의 역할이 불분명(不分明)한 상태에서 BTC를 이루게 되면, 서로의 필요성이 그렇게 크지 않으므로 자신의 이익(利益)을 위해, 서로 자신의 선(善)을 위하여 상대를 이용하는 악(惡)이 나타날 가능성이 큽니다. 이는 서로 자신의 선, 즉 자신의 생존(生存)이 무엇보다 우선(于先)이기 때문입니다. 이러해서 사기나 기만을 당하거나 하는 일들이 생기게 됩니다.

　　　　개인은 안정을 위해 BTC관계를 형성하고, 이 BTC관계가 깨져버리면 불안정하다는 것을 본능적(本能的)으로 알기 때문에, 어떤 커뮤니티라도 되도록 BTC관계를 유지(維持)하려 합니다. 어떤 X가 역할보다 BTC관계에 전적으로 의지하게 되면, X와 BTC관계를 갖는데 주도적인 어떤 A에 의해 X의 행동의 방향성이 정해지게 됩니다.

역할은 가족 관계처럼 주어진 것도 있지만, 현대 사회의 복잡성과 다양성으로, 일에 대한 역할(役割)은 이성적(理性的) 활동이 충분히 필요하므로, 이성적 활동이 부족하여 사회에서의 역할이 불안정(不安定)한 이들은 사회의 역할을 가족관계에 빗대어 생각하게 되어, 사회관계(社會關係)도 가족관계에서 갖는 감정을 갖게 되고, BTC관계에서 주도적인 사람으로부터 제시된 행동과 방향성을 한 가족의 가장(家長)이 결정(決定)한 사항처럼 받아들여 이끌리게 되는 경향을 가지게 됩니다.

BTC에서 주도적인 A가 옳은 결정을 하는 현명한 선(善)을 이루려하는 사람이라면, X가 각자의 능력과 위치에 적당한 역할을 하기 위한 기술(技術)과 지식(知識)을 습득하도록 할 것이고, A가 악(惡)한 사람이라면, X가 A의 언행(言行)에 민감(敏感)하도록 하여 자신의 뜻대로 X가 움직이도록 할 것입니다. 그래서 A가 선(善)한 사람이라면 X의 이성(理性)을 회복(回復)시키려하고, A가 악(惡)한 사람이라면 X의 감정(感情)을 동요(動搖)시키려할 것입니다.

이러한 것은 앞서 1장에서 밝혔던 BTF발산과정을 다시 살펴보아 유추하면 알 수 있는데, 인식이 무의식을 거쳐 의식화되어 감정을 일으키는데 있어, 의식(意識)은 이성(理性)에 의존하여 자신의 이해(利害)관계를 밝히므로 에너지를 모으는 감정의 활동이 크지 않은데 반해, 인식이 무의식(無意識)을 거쳐 곧바로 감정으로 가거나, 의식과정이 제대로 이루어지지 않으면, 필요한 에너지의 양이 어느 정도인지 파악하기 어려워 인식된 자극의 크기와 자신에게 부족한 자극(刺戟)과 대비하여, 그에 따라 감정(感情)이 증폭이 되고, 그렇게 되면, A가 의도한 목적에 의해 X의 에너지가 불필요(不必要)하고 지나치게 사용되어버립니다.

　　　이것은 A의 선을 위해 X가 이용당하는 것으로 X자신에겐 악이 됩니다. A가 선(善)한 사람이라면 의식에서 이성적(理性的) 판단을 증가시켜 X의 에너지가 합리적(合理的)으로 운용되도록 하는 것은 당연한 것입니다.

The Largest Stray Sheep

　　　종교의 역할은 BTC의 안정화(安定化)에 있습니다. 기독교는 커뮤니티 형성에 있어 지역적, 사회적 개인들로 하여금 BTC를 이루게 하여 사회의 안정에 기여하는 바는 이루 말 할 수 없습니다.

개인적으론 탐탁하지 않지만, 신부와 수녀가 결혼이라는 것에서 벗어나게 하는 것은 남녀가 결혼(結婚)으로 BTC의 중심(中心)을 이루기 때문으로, 신부와 수녀의 제도(制度)는 남녀의 BTC를 위한 에너지를, 보다 거시적(巨視的)으로, 사회적인 BTC로 만들게 하려는 의도(意圖)가 숨어있다고 보입니다. 스님이 출가하는 것도 비슷한 이유일 것입니다. 불교 또한 BTC의 유지를 통한 개인 및 사회 전반적인 에너지의 안정화에 기여하는 바가 큽니다. - 불교도를 포함하여 기독교 이외의 종교를 믿는 분들이 여기서 기독교를 주로 다룬 것에 대해 불쾌해 하지 않았으면 합니다.

예수가 말하길, 왕국은 백마리 양을 가진 양치기와 같다. 그중 가장 큰 양 한 마리가 길을 잃어, 그는 아흔아홉을 두고 한 마리를 찾았는데, 힘들게 찾고는, 그 양에게 말했다. '나는 아흔아홉보다 너를 더 사랑한다.' - 도마복음 107

성경에 대해 언급하는 것은 무리가 있지만, 한 구절을 살펴봅시다. 신약성경에서 제외된 도마복음서에 있는 유명한 문장입니다. 마태복음18장의 길 잃은 양과는 달리 도마복음서에서는 '큰 양 한 마리'가 길을 잃었다고 되어 있습니다. 영문 본을 보면 길을 잃는 것이 astray로 표현되어 있는데, astray는 타락(墮落)되어 정도에서 벗어나는 뜻에 가깝습니다. 이 문장을 BTC로 이루어지는 커뮤니티 관계로 본다면, 아마도 the largest sheep은 99마리로부터 BTF를 받아 강한 기운을 이루었지만, 그 강한 기운을 다스리는 관리능력이 부족하고, 오만(傲慢)하여, the largest sheep에게 들어온 에너지를 낭비, 남용(濫用)하여 BTC를 이루는 커뮤니티로부터 퇴출(退出)된 사람을 비유한다고 보입니다.

'길 잃은 가장 큰 양'에 대한 BTC로의 해석을 확대하여, 비슷한 사회현상을 분석해 보도록 하겠습니다. 사회의 대중들은 육체적으로 강인(强靭)하게 성장한 사람에게 BTF를 보내게 됩니다. 이것은 BTC관계를 이루어 커뮤니티를 형성하고 협력관계가 되기 위함이겠죠. 그런데 어떤 A가 육체적으로 강인하게 되기 위해서는 성장(成長)하는 과정에서 무수한 경쟁(競爭)을 하게 됩니다. 그 바탕엔 사회의 협력이 존재하지만, 한 개인이 느끼기에는 그 무수한 경쟁은, 다른 사람을 억압(抑壓)하거나 타락시키거나 하는 등의 해로운 방법도 은연중 사용하므로, 협력(協力)이 바탕인 공동체(共同體)에겐 정당하다고 할 수 있지는 않습니다.

이렇게 경쟁만을 생각하여 얻은 남보다 출중(出衆)한 체격의 A는, 그의 내부적 가치관을 모르는 대다수 사람이 보기에 사회적으로 중추적인 역할을 할 수 있는 사람으로 여겨져, 사회구성원으로부터 협력을 위해 호의(好意)의 BTF가 A를 향하게 됩니다. 그렇게 되면 대다수로부터 들어오는 BTF가 A에게 강한 기운을 형성시키게 하는데, A가 단지 강한 기운의 형성이 자기 자신이 스스로 만들어낸 권력(權力)이라고 착각을 하게 되면, 성장하면서 억압(抑壓)과 타인을 타락시키는 방법을 이용한 것처럼, 중요한 역할에서도 그러한 방법이 권력을 유지(維持)하기 위해 사람들에게 사용이 될 것입니다.

그렇게 되면 BTC의 중요함을 알고 협력 속에서 경쟁을 하는 대다수 사람들은 A와 더 이상 BTC관계를 유지하지 않으려하고, 이미 형성된 BTC시스템으로 A를 향해 적의(敵意)의 BTF를 발산하게 되어, A는 BTC를 통한 안정감이 없어지고 두려움을 가지므로, 전에 BTC로 얻은 그 느낌을 갖기 위해 유흥에 빠져 타락(墮落)하게 되고, 두려움 속에서 자신의 역할 또한 무엇인지 알 수 없게 되어, 에너지의 방향성도 잃고, 커뮤니티에서 퇴출(退出)되어, BTC로 형성된 부도 사라지게 됩니다.

성공과 실패

the largest stray sheep은 현실에서 출중한 이들이 빠질 수 있는 위험(危險)입니다. 스스로 무엇을 이루면, 이룬 것이 마치 자기 자신 혼자 이룬 것처럼 느껴질 수 있어 오만하게 될 수 있는데, 이때는 사회의 여러 구성원들의 피나는 노력이 없었다면, 자신이 어떠한 어려운 환경을 극복하며 이루었다고 해도, 그러한 결과가 이루어질 수 없다는 것을 깨닫고, 이룬 것을 사회구성원에게 어떻게 하면 고루 분배(分配)하여 이익을 주고, 다시 자신의 역할이 보다 안정(安定)되게 이루어질 수 있는 사회적, 그리고 BTC환경(環境)이 될 수 있을까를 깊이 생각해야 the largest stray sheep의 위험에서 자신을 구할 수 있습니다.

사람들이 성공을 한 뒤에 성공을 계속 유지하지 못하고 실패(失敗)하는 주요 원인은, 성공을 하면 성공 전에 관계된 사람들과 성공 후에 다른 관계(關係)를 설정(設定)하여 자신의 위신(威信)을 높이려 하는데, 자신이 성공하기 위해서는 자신과 BTC관계를 이루어 자신에게 BTF를 보내고 있는 주변사람들이 있기에 성공이 가능한 것을 간과(看過)하거나 무시(無視)하기 때문입니다.

BTF로 BTC를 이루는 것은 눈에 보이지 않는 정신활동이고, 실제적인 물질의 오고감이 이러한 BTC의 원리(原理)로 이루어져, 서로를 돕고 있었던 것으로 이러한 관계에 대해 이해(理解)를 하는 것이 성공을 유지하는데 중요합니다.

家和萬事成 －明心寶鑑, 治家

그리고 성공을 하지 못하는 이유는 BTC활동을 소홀(疏忽)히 하는 것에 있습니다. 무엇을 이루기 위해서는 BTC의 근간인 가족(家族)이 화목(和睦)해야 합니다. 일과 여러 이유로 가족을 소홀히 하게 되면, 동일한 무엇을 추구하는 다른 누군가가 BTC를 이루는 화목한 가정을 가꾸게 되면, 그 무엇을 위한 성공은 그 누군가에게로 가게 됩니다. - 누군가가 가족의 화목을 방해(妨害)한다고 느끼면, 그 누군가가 자신의 적(敵)대적인 상대입니다.

君子喩於義 小人喩於利 －論語, 里仁

또한 친구(親舊)와 BTC를 통해 오고가는 호의와 적의를 적절히 하지 못하는 경우에서도 성공과 멀어지게 됩니다. BTC로 자신의 호의와 적의를 보내는데 있어,

친구는 사회적 역할에 대한 무수한 사회활동 속에서, 장기적(長期的)인 BTC관계를 통해 유대(紐帶)를 형성하여 안정감을 유지하기 위한 관계이므로, 이러한 관계를 단기적(短期的)인 자신의 기분(氣分)에 의해 적의와 호의의 BTF로 BTC를 하게 되거나, BTC관계를 사소(些少)한 이해관계에 의해 계속하지 못하거나 하게 되면, 있던 안정감마저 사라져 사회의 경쟁(競爭) 속에서 불안(不安)이 커져 에너지 집중력을 잃게 됩니다.

일에 관한 동료(同僚)관계에서도 BTC의 형성이 보다 중요한데, 이는 각 분야에서 역할을 하여 서로 유지해야 하는, 생존(生存)을 위한 일에 바로 직접(直接)적인 관계에 있기 때문입니다. 성공의 열쇠는 이렇게 '서로의 BTC관계를 어떻게 유지하고 발전시키느냐.'입니다. - 너무 간섭해도 좋지 않고, 그렇다고 멀어져도 안 되는 BTC의 활동을 어떻게 하면 잘할 수 있을까요?

이웃

사람이 살아가는 그 장소(場所)가 자신에게 가장 중요(重要)한 위치입니다. 그 지역에서 친구도 만나고, 반려자도 찾을 수 있고, 아이도 자라며, 또한 직업도 갖게 되니까요. 따라서 이웃과는 보다 폭넓은 BTC관계가 됩니다. 그리고 집 주변의 이웃들의 BF를 파악하여 서로 보호(保護)하는 것에 안정감을 느낍니다. 이런 이유로 BTC가 서로 원활하게 이루어지도록, 비슷한 성향이나 비슷한 경제력(經濟力)을 가진 사람들이 모여 살게 됩니다. - 커뮤니티에서 이루어지는 BTC로 변화(變化)되는 자아감을 조절하는데 어려움을 겪는 사람들은, BTC의 간섭이 심하게 되면 감정의 조절이 어려워 불편(不便)하므로, 자신에게 맞는 커뮤니티를 찾아야 합니다.

일단 어느 지역에 사람들이 모여 살게 되면, 그 지역에는 각 세대마다 일정한 BF발산크기를 가집니다. 이 BF발산크기는 그 지역의 특색에 따라 서로 감당(堪當)할 수 있는 범위로 축소가 될 때까지 인구의 유입(流入)이 일어나는데, 각 세대마다 일정한 크기 이상으로 BF를 비롯하여 BTC활동을 할 수 없게 되면, 그 세대가 다른 지역으로 이동하든가, 세대안의 가족이 분가를 하게 됩니다. 그렇지 않고 다른 세대의 BTC활동을 침범(侵犯)하게 되면, 마찰(摩擦)을 빚든가 그 다른 세대들의 이동(移動)이 일어나게 됩니다.

그리고 어떤 세대가 그 지역의 BTC에 안정(安

定)을 이루는 중요한 역할(役割)을 하면, 그 지역의 유지(有志)로 성장을 하게 됩니다.

　　　　지역의 음식점(飮食店)을 보면, 그 지역(地域)의 BTC 성향(性向)을 알 수 있습니다. 음식점 주인은 자신의 음식점으로 사람들이 찾아오도록 하기 위해, BTC를 지역사람들과 하려합니다. BTC는 선을 이루어 안정감을 갖는 것이 기본목적이며, 이는 음식 맛과는 별도로 식사가 안정감(安定感)을 갖고 이루어져야 하기 때문입니다.

　　　　그런데 식사의 목적이외에 BTC가 의도적으로 이루어지면 불필요한 간섭으로 생각되고, BTC가 이루어지지 않으면 안정감이 없게 됩니다. 그래서 적당한 그 역할에 맞는 BTC를 갖는 것이 음식점에 이익(利益)을 가져오게 합니다. 그러므로 이렇게 그 지역사람들의 특성에 맞게 BTC가 이루어져야 하므로, 음식점 주인이 그 지역에 맞지 않거나, 변화(變化)된 BTC를 견디지 못하면, 자신이 맞는 지역으로 이동(移動)을 하게 됩니다.

　　　　개인적으로도 사회적으로도 BTC의 변화시점(變化時點)은 특정시기(特定時期)에 이루어지므로, 음식점의 이동(移動)과 개선(改善)도 이런 BTC활동에 맞추어지게 됩니다. - 어떤 음식점이 그 지역에서 오랫동안 장사를 하면, 그 음식점의 주인은 그 지역의 안정에 기여했다고

도 볼 수 있습니다.

하느님과 예수

　　기독교의 역할 가운데, 지역 커뮤니티의 안정화 (安定化) 측면으로 볼 때, 그것을 위해 서로의 BF를 조율 (調律)하려, 주일예배(主日禮拜)가 이루어지는 것이 아닐까요? 이때 유일신(唯一神)이 아니라 신이 여럿이면, 그 지역의 BTC 중심도 여럿으로 나뉘어 마찰(摩擦)이 일어나므로, 이를 방지(防止)하기 위해 하느님-개신교에서는 하나님-이란 유일신으로 나타난 것이 아닐까요? - 기독교를 여기서 언급하는 것은, 특히 하느님과 예수는 신앙에 관계된 사항을 다루는 것이라 민감하지만, 독자여러분의 이해심을 믿고 잠시 다루어 보겠습니다.

　　유일신(唯一神)으로 BTF의 중심 발산체가 하나라는 설정은, 커뮤니티의 BTC활동을 안정화하는데 기여하지만, 하나님을 닮아가려는 인간의 자아실현의 활동은 유일적(唯一的)인 존재가 되려하는 경향을 가지게 되어, 서로 협력해야 살아남을 수 있는 나약한 인간이 독선(獨善)적인 성향을 띠게 하는 폐단(弊端)을 낳을 소지를 가지고 있습니다. 그리고 전지전능한 신이 아닌 인간은 하나의 개체(個體)이므로, 한 개인의 독선(獨善)은, BTC활동을 자신이라는 개체를 유지하기 위한 수단(手段)으로 여기는 것을 당연시 하는, 이기적(利己的)인 발산체로 될 가능성을 갖고 있습니다.

　　　　이런 유일신이 갖는 독선의 폐단(弊端)으로 기독교는 일대의 전환(轉換)을 하게 되는데, 이로써 신약성서에는 예수 그리스도(Jesus Christ)가 주요인물로 등장하게 됩니다. 예수가 실존인물인지의 여부(與否)를 떠나, 예수란 존재의 등장은 영원한 하느님 아버지의 아들이란 위치로, 아버지가 될 수 없는 존재로 설정(設定, 삼위일체의 교의가 있지만, 성경에서의 역할로 볼 때는)되어 집니다. 그러므로 예수를 기독교 활동의 중심에 놓으면, 사람들은 자아실현(自我實現)의 대상을 예수(Jesus)로 놓기에, 독선적인 성향을 띠지 않고, 이러한 것을 받아들이는 사람들에게는, 커뮤니티가 인간을 위해 십자가(十字架)에서 돌아가신 예수의 상징성(象徵性)으로, 사람들로 하여금 커뮤니티의 안정을 위해 봉사(奉仕)할 것을, 종교적으로 요구할 수 있는 당위성(當爲性)을 주장할 수 있게 됩니다.

　　　　그런데 여기서 폐단(弊端)이 다시 발생(發生)합니다. 독선(獨善)적인 성향을 띠어버린 부류(部類)들이, 예수를 닮아 커뮤니티의 안정화에 기여하려는 의지(意志)를 가지고 자아실현을 위해 노력하는 이들에게, 희생을 요구하는 수단으로 악용(惡用)될 수 있다는 사실입니다. 현재 기독교에서 예수가 중요한 위치를 차지하고, 예수를 닮고자 많은 사람들이 노력하고 있습니다. 이런 사람들은 커뮤니티의 안정화가 또한 커뮤니티의 확장이, 자신의 선(善)을 보다 넓히는 것임을 알기에, 힘들여 노력하는 것입니다. 그런데 이런 노력을 단지(但只) 희생(犧牲)에 결부(結付)시켜 자신들의 권력과 안위(安危)를 지키기 위해 악용(惡用)하는 독선적인 부류(部類)들이 있을 수 있습니다. 이런 부류들은 솎아낼 필요가 있습니다.

미국의 영상제작자 피터 조셉(Peter Joseph)이 시대정신(Zeitgeist)에서 기독교란 종교는 뛰어난 지식을 가지고 있었던 선조들이 천체운항(天體運航)으로부터 인간의 생존과 번영(繁榮)에 대한 원리를 후대에 알려주기 위해, 인간이 쉽게 받아들일 수 있는 이야기로 만들었다는 가설(假說)을 밝히고 있는데, 제 개인적으로는 설득력(說得力)이 매우 높다고 봅니다.

시대정신에서는, 성경에 묘사된 예수(Jesus)는 태양(太陽)을, 동방박사와 십자가는 별자리를 뜻한다고 해석하고 있습니다. 그리고 예수의 탄생, 십자가에서의 죽음, 다시 부활하는 것은 겨울철 별자리와 태양의 움직임을 종교적으로 표현한 것이라 밝히고 있습니다. - 이런 관점에서 볼 때, 성경에서 예수의 탄생, 죽음, 부활은 선조가 후대 사람들로 하여금 일년주기(一年週期)의 겨울을 의식적으로 인식(認識)하게 하여, 그 시기마다 BTC활동과 기운을 중요하게 고려(考慮)하라는 의미가 담겨 있다고 보입니다.

중요한 것은, 기독교(基督敎)는 다른 종교와 마찬가지로 커뮤니티의 안정화를 이루게 하려는 선인들의 노력과 지혜(知慧), 그리고 사랑이 담겨 있다는 것입니다.

제 7 장

무당

무당(巫堂)들은 불안정한 BTC관계에 있는 사람들의 불안감(不安感)에 일정한 강한 BF를 주어 BTC가 안정되었다고 느끼게 하는데, 어떤 직업이나 종사자들에 따라 좋고 나쁨이 다르겠지만, 무당의 경우 고객의 BTC

등 BF를 파악(把握)하여 그 고객의 문제에 적절한 해결책(解決策)을 알려주면, 무당으로서의 역할(役割)을 충분히 하는 것이라 생각됩니다.

한편 고객의 BTC나 BF의 파악 없이 단지 상대의 불안감으로 무당인 자신과 BTC를 형성하게 하여, 상대를 자신과의 BTC관계로부터 안정감(安定感)을 갖게끔 하는 역할 또한 고객을 안정되게 하는 것에는 효과(效果)가 있으므로, 상대의 BTC활동에 대해 파악하는 능력이 부족한 무당들이 하는 역할이 주로 상대와 BTC관계를 형성하여 안정감을 갖게 하는데 있다고 보입니다.

BTC와 BF에 대한 파악(把握)이 뛰어난 무당은 고객이 발산하는 특정한 단어(單語)나 심상(心象), 관계를 BF로 찾아냅니다. 만약 어떤 A가 취업에 대해 고민하며 무당X을 찾아 갔다고 합시다. A는 무당을 찾아가며 자신의 고민(苦悶)인 취업이란 단어가 머릿속에서 진동(振動)하고 있습니다. 이때 경험이 많은 무당X는 경험을 통하거나 공부를 통해서든, 사람들의 고민거리를 몇 가지 단어(單語)와 심상(心象)으로 머릿속에 분류(分類)를 하고 있습니다.

이렇게 단어와 심상을 분류하고 있으면, 고민거리에 온통 신경을 쓰고 있는 A가 X앞에 앉는 순간 X의 머릿속에 분류된 취업이란 단어나 심상이 증폭(增幅)되어 떠오르게 됩니다. 이 원리는 앞서 설명한 것과 같은 공진(共振)입니다. X는 A를 살펴본 후 '취업 때문에 왔는가 보네'라고 말하면 순간 A는 자신을 의심하며 X에게 신뢰가 가기 시작하고, 마치 X가 자신의 취업을 해결해 줄 것이라 믿게 됩니다. 그러면 X는 고민을 들어보자며 말을 유도하고, 이런 과정을 거쳐 A는 자신의 속마음까지 드러내게 됩니다. 이때 속마음을 드러내는 행위는 BTC관계를 이룰 정도로 가까운 관계(關係)가 되는 것이므로 무당은 BTC관계로 진행(進行)해 갑니다. - 만약 무당의 머릿속에 증폭되는 단어가 없으면, 몇 단어를 떠올려, 어떤 단어를 떠올렸을 때 주위에 대한 인식활동이 선명(鮮明)해지는지를 찾으면, 그 단어가 상대가 생각하는 단어일 가능성이 큽니다. 이것은 데자뷰(deja vu)와 자메뷰(jamais vu)란 현상을 정신활동에 의도적(意圖的)으로 활용하는 것입니다.

  A는 불안(不安)으로 무당을 찾았는데, 무당은 그것을 BTC관계로 발전시키는 이유는, 바로 A의 불안이 BTC관계가 부족하여 나타난 일이기 때문입니다. 그리고 일단 BTC관계가 되면, BTC관계로 호의와 적의가 오고가며 서로 속박(束縛)을 하게 되므로, 무당 X가 고객을 유

치(誘致)하는 수단으로 고객과 BTC관계를 이루는 것만큼 좋은 것은 없으므로, X는 고객과 BTC관계를 밀접(密接)하게 유지할 것입니다. 고객이 많아 굳이 BTC관계를 형성하지 않아도 되면, 자신이 아는 바에 의해 해결책(解決策)을 제시하면 되고, 상대는 그 말에 신뢰(信賴)하여 따르고자 할 것입니다.

만약 무당이 속으로 취업이란 단어를 찾지 못하더라도, 사람이 갖는 고민이 몇 가지로 분류될 수 있으므로, 그 시기나 사람의 외모 등으로 유추하여 단어를 골라 내뱉어, 상대가 갖는 고민이면 상대의 눈빛 등 태도가 달라지는 것으로 파악할 것입니다.

그런데 무당은 상대의 불안을 해결해주는 것이 그 목적입니다. 무당이 적정하게 상대와 BTC를 이루어 활동을 하는 것이 상대에게 안정감을 준다면, 그만큼의 대가를 받는 것은 정당합니다. 그러나 그렇지 않고 상대의 불안(不安)을 이용(利用)해 상대가 갖고 있는 화폐를 자신의 것으로 만드는 사술(邪術)을 부린다면, 이것은 사기(詐欺)입니다.

무당을 찾는 사람들을 유추해보면, 조언의 상대가 없어 찾는 사람들도 있겠지만, 사회활동을 하는데 있어 BTC로 정상적이게 해결하지 못하는 사람들이 어려운 상황에 직면하게 되면, 해결방법이 정상적이지 않을 것이란 생각을 갖기에 무당을 찾게 되는 것이라 보입니다. 그런데 문제는, 그 문제가 BTC관계에 의한 것이기에 무당과 BTC관계가 형성이 된다는 것에 있습니다. 그렇게 되면, 무당은 목사나 신부, 스님 등 종교 종사자처럼 정신적 지도자 역할을 하려할 것입니다.

　　　　무당이 좋다 나쁘다고 할 수 없습니다. 민간신앙으로부터 불교나 기독교의 역할처럼 무당 또한 역할을 훌륭히 수행한다면 그 존재의의(存在意義)는 크다고 할 수 있습니다. 그러나 기독교가 성당과 교회를 세워 지역에 커뮤니티를 형성시키고, 십계명(十誡命)과 같이 생활규범(生活規範)을 만들어 사회를 유지시키는데 기여(寄與)하는 등 사회 속에서 인간의 삶을 안정되게 하는 역할을 수행하고 있는 것처럼, 무당이 할 수 있을지는 그 분야에 종사하는 분들이 곰곰이 생각해봐야할 문제일 것입니다.

　　　　긍정, 부정

　　　　관심(關心)대상에 대한 긍정(肯定)은 에너지를 소비(消費)하게 하고, 부정으로 에너지 소비를 줄이게 되는데, 긍정은 그 대상에 대해 더 심도(深度)있게 관련되는 것이고, 부정은 그 대상으로부터 관심이 멀어져 다른 대상에게로 옮겨지게 합니다. 관심대상에 대한 호의와 적의는 둘 다 에너지가 집중(集中)되고 있는 상태이지만, 긍정과 부정은 관심대상에 에너지를 더 쏟을 것인가 아닌가를 결정하는 것으로 부정(否定)은 대상에 대한 무관심(無關心)이 됩니다. - 무시(無視)라는 것은 대상에 대해 에너지를 소비하지 않는 것이므로, 상호작용이 일어나지 않으므로 대상을 부정하는 것과 같은 효과를 나타내게 합니다. 사회조직(社會組織)은 유기적(有機的)으로 에너지를 서로 주고받는 관계인데, 이런 사회에서 무시당하는 것은 사회조직의 구성원으로 생각하지 않는 것이므로 가장 자존심이 상하는 일이 됩니다.

한 번 생각해봅시다. 사회생활을 할 때 어떤 일이 잘될 것이라는 긍정적인 생각과 어떤 일이 잘되지 않을 것이라는 부정적인 생각이 나로부터 비롯되는 것일까요?

나일 수도 있고 아닐 수도 있습니다. 정확히 말하자면 생산자(生産者)로부터 시작됩니다. 농사를 지었는데 풍년(豊年)이 되었다고 합시다. 식량은 에너지원이므로 에너지가 풍부해지면, 농민들은 즐거운 감정을 가집니다.

그러면서 농민들로부터 호의(好意)가 발산(發散)하게 되는데, 이런 BTF를 농민과 커뮤니티를 이루는 사람들이 수렴하면, 농민으로부터 나오는 호의는 식량이 풍부하다는 것이고, 커뮤니티로 선(善)이 이루어진다는 것이고, 선으로부터 공급되는 식량이 자신의 어떤 일에 대해 집중(集中)을 할 수 있는 에너지가 된다는 것이므로, 그 즐거움이 긍정(肯定)적인 사고를 갖게 합니다.

그런데 어느 해에 흉년(凶年)이 되어 농민들은 슬픈 감정을 갖고 삶의 의지(意志)를 발산하지 않으면, 농민들과 커뮤니티를 이루고 있는 사회 여러 분야의 사람들은, 농민들로부터 BTF를 수렴 받지 못해 즐거운 감정이 들지 않으므로, 두려운 감정이 생기게 됩니다. 식량(食糧)이 부족(不足)하니 삶이 불확실할 수 있고, 그러므로 어떤 일에 대해 집중할 여력이 없게 됩니다. 이것이 어떤 관심 대상에 대해서든 부정(否定)적인 생각을 갖게 하는 것입니다.

생산자가 생산을 잘해도, 선을 이루지 않는 세력으로부터 침략(侵略)에 의해 강탈(强奪)을 당하게 되면, 흉년보다 못한 처지가 됩니다. 그러면 식량을 지키기 위한 무력(武力)이 필요(必要)합니다. - 생산자의 BTF는 자연을 개척(開拓)하여 생존에 필요한 식량을 수확을 하므로, 다른 BTF보다 강(强)합니다.

자신에게 긍정적 사고(思考)와 부정적 사고를 갖게 하는 중요한 요소(要素)를 뽑으라고 하면, BTC가 이루어지는 커뮤니티의 생산력(生産力)과 무력(武力)입니다. 자신이 아무리 긍정적인 사고를 갖는다고 하여도, 이 두 가지가 이루어지지 않으면 오히려 긍정적인 사고는 자신을 위험(危險)에 빠뜨리는 악(惡)이 됩니다. 생산력과 무력이 충분하지 않으면, 부정적인 사고는 형성되지만, 일단 에너지의 소비를 줄이고 커뮤니티의 안위(安危)를 돌보기 위한 사고와 행동에 에너지를 두게 됩니다.

이런 생산력과 무력을 에너지와 안정감으로 대비하여, 한 개인의 낮과 밤의 활동을 긍정적인 사고와 결부해봅시다. 낮보다 밤이 춥습니다. 밤에는 낮 동안 의식(意識) 활동에 공급하던 에너지의 일정부분을 체온유지(體溫維持)에 공급하므로, 개인이 낮과 동일한 의식 활동을 하여도, 의식했던 행동에 소모(消耗)되던 에너지가 부족(不足)해져서, 실수 및 사고가 발생할 수 있습니다.

이것은 긍정적인 사고를 아무리 한다고 해서 이루어지는 일이 아니고, 에너지의 공급이 충분해야 하고, 또한 밤에는 주위를 경계(警戒)하는 활동이 민감하게 이루어지므로, 자신의 안위가 안정이 되어야, 긍정적인 사고가 원활히 행동으로 나타날 수 있습니다. - 밤에 일하는 것은 체력(體力)을 고갈(枯渴)시키므로, 그렇다면 그만큼의 에너지의 보충이 이루어지도록 해야 하나, 일단 밤에 일하는 것 자체가 몸에 무리(無理)를 주는 것인 만큼 불가피하거나 절대적으로 필요한 일이 아니면, 밤에 이루어지는 일들은 낮에 이루어질 수 있도록 해야 합니다.

개인에게 있어, 긍정적인 생각으로부터 적극적인 행동을 하기 위한 습관(習慣)만을 기르게 되면, BTC가 이루어지지 않고 에너지가 부족한 시기, 자신의 관심 대상에 대해 에너지를 집중하게 되면, 주변사람들은 선이 이루어지지 않는 상대가 대상을 획득(獲得)하는 것으로 보고, 그의 획득을 막기 위한 행동이 나와, 그 개인에게 공격적인 말과 실력행사를 하고, 적의(敵意)의 BTF도 보내려 합니다. 그러므로 그 개인은 힘들어지게 됩니다.

개인이 기운이 없다고 생각되면, 자신의 BTC관계를 우선 돌아봐야 합니다. - 개인에게 중요한 것은 선을 이루는 자신의 역할과 커뮤니티와의 관계, 그리고 지식과 경험으로 에너지의 효율(效率)을 고려하여, 상황(狀況)에 대한 문제해결능력(問題解決能力)을 기르고 갖추는 것입니다.

성의 문제

아동(兒童)성폭력(性暴力)의 죄(罪)를 짓는 사람의 정신(精神)을 BTF로 해석(解釋)해보겠습니다. 커뮤니티가 억압(抑壓)을 통해 유지가 되면, 어떤 사람들은 성인들의 인간관계에서 일어나는 호의와 적의활동에서 적의를 견디지 못하고, 호의(好意)만을 바라는 일에 종사(從事)하여, 상대에게 적의가 느껴지지 않게 하기 위해 사회활동에서 BTF를 일정수준 이하(以下)로 발산(發散), 수렴(收斂)하게 됩니다. 이런 사람들은 인간관계가 부족하고, 특히 적의(敵意)에 민감(敏感)하게 반응하지만 대응능력이 떨어지므로 억압된 상태에 있습니다.

어린아이가 성장과정에서 선(善)을 이루기 위해 발산하는 호의는 순수(純粹)한 BTF로 적의를 담고 있지 않아, 그 사람들의 두뇌(頭腦)에서 받아들일 때, 사회관계에 의해 해석되거나 해소되지 못하고, 성적자극이 되어 어린아이의 호의가 성적관계를 위한 것으로 보이게 됩니다. 일종의 정신착란(精神錯亂)입니다.

이외는 억압과 남용, BF정보획득 등 다른 성폭력과 이유가 비슷합니다. - 성인(成人)으로서 아이들을 보호(保護)하여 선을 이루어야하는 사회 구성원의 역할을 배신(背信)했기 때문에 대가(代價)는 치러져야 합니다.

남성(男性)의 여성화로, 어떤 남성이 여성적(女性的)인 BTF의 수렴과 간섭(干涉)으로 사회생활을 하게 되면, 그 남성에게 있어 여성(女性)은 단지 경쟁상대(競爭相對)로 파악이 될 수 있고, 그 남성에게 필요한 여성의 존재가 그 자신에겐 악(惡)의 존재가 되어버려 윤리적인 죄의식이 없이 여성들을 적대적(敵對的)인 제거대상으로 삼을 수 있습니다. 이 또한 사회의 중심적인 역할을 하는 남성의 커뮤니티가 억압으로 부를 유지할 때, BTC 커뮤니티로부터 소외(疏外)된 남성이 생존(生存)을 위해 이루어지는 것입니다. 여성 또한 남성이 이런 생존방식을 취하게 되면 처음엔 동료(同僚)로 인식하지만, 결혼(結婚)한 여성이면 그 사람을 적대적인 대상으로 보며 공격(攻擊)을 하게 됩니다.

　　정신활동에 치중(置重)하는 남성의 경우, 여성의 BTC관계를 의식적으로 알 수 있는 능력이 있다면, 이런 남성이 여성과 BTC관계를 갖게 되었는데, 그 와중에 여성이 다른 남성과 BTC관계를 다시 가지면, 그것을 정신적으로 파악하여 민감(敏感)하게 받아들이고, 배신행위로 인식하여 그 여성에 대해 적대감(敵對感)을 갖습니다.
　　한편 정신활동이 활발하지 않은 남성의 경우에

는 자신의 이익활동을 위해 여성으로부터 강한 BTF가 안정적으로 자신의 BTC시스템에 들어와야 하는데, 자신과 BTC관계를 이루는 여성으로부터 BTF가 들어오지 않거나 하면, 불안하게 되어 그때도 배신감을 가질 수 있습니다. 이러한 배신감(背信感)이 크면 상대를 악으로 인식하게 되고, 그 여성이 그 남성의 BTC시스템에 영향을 크게 주었다면, 배신감은 더욱더 클 것입니다.

반대로 남성이 BTC관계가 다른 여성으로 변한 경우 전의 여성으로부터 들어오는 BTF의 영향력을 감소(減少)시키거나 제거하기 위해 폭력적이 될 수 있는 소지(素地)가 있습니다. - 남성의 여성에 대한 폭력(暴力)의 대부분이 이런 이유(理由)들로 비롯된다고 보입니다.

남성에게 동성애(同姓愛)가 나타나는 한 가지 경우는, 남성이 정신활동에 관련된 일, 즉 지식산업(知識産業)에 몰두(沒頭)하게 되면, 육체활동이 적어져 자신을 보호하기 위한 본능(本能)으로 강한 육체가 필요(必要)하게 되는 것으로 비롯되며, 이것이 사회적으로 역할을 분담하는 적정(適正)한 수준(水準)에서 이루어져야 하는데, 남성이 정신활동에만 몰두할 경우는, 육체적으로 강한 남성과 BTC를 이루기 위해, 상대의 정보(情報)를 더 파악하기 위하여 동성애 관계가 이루어질 수 있습니다.

육체적으로 강한 남성 또한, 자신이 유지되기 위해서는 정신적으로 뛰어난 이와 BTC를 이루는 것이 이익(利益)이므로 서로의 이익을 위해 동성애가 나타납니다. 여성도 육체적인 일에 중점(重點)을 둘 때나, 발산을 주로 할 때, 마찬가지로 강한 정신이 필요하여 동성애적 성향이 나타날 수 있습니다. 이런 경우는 BTC를 통한 역할(役割) 분담(分擔)에 문제(問題)가 발생(發生)된 것이라 볼 수 있습니다.

정상적인 관계에서도 동료 간의 BTC활동이 그 BTN, 즉 각자의 역할을 하기 위한 협력이 목적으로 되지 않고, 서로 소통(疏通)한다는 안정감(安定感)만을 위하여 BTC가 이루어지면, 각자의 역할(役割)에 대해 소홀(疏忽)해질 수 있어, 만약 그 역할이 고도의 기술사회에서 이루어진다면, 기계(機械), 전자(電子) 등으로 이루어진 물리역학(物理力學)적인 현상(現狀) 및 과정(過程)에 대한 간과(看過)로 이어져 사건(事件)과 사고(事故)를 일으킵니다.

BTC활동은 선을 이룬다는 즐거운 감정을 갖게 하는데, 그 즐거운 감정(感情)만을 느끼기 위해 BTC활동을 추구(追求)하여 쾌락(快樂)에 빠지게 되면, BTC의 원래 목적인 각자 자신의 이익을 위한 각자의 역할분담으로 상생(相生)을 위한 선을 이루고, 공동(共同)의 위험(危險)을 경고(警告)하여 서로의 안위를 돌보기 위한 정보의 교류를 망각(忘却)할 수 있습니다.

소돔과 고모라와 그 이웃 도시들도 그들과 같은 행동으로 음란하며 다른 육체를 따라 가다가 영원한 불의 형벌을 받음으로 거울이 되었느니라 - 유다서 1:7

그렇게 되면, 정신활동 중에 여러 감각이 주위의 위험을 인식하고 경계(警戒)하는데, 이런 부분으로부터 들어오는 신호(信號)들을 간과(看過)할 수 있고, 그런 활동에 필요한 에너지의 공급(供給)에 차질(蹉跌)을 빚을 수 있습니다.

BTC 활동은 남성과 여성, 그 둘을 중심으로 하는데, 만약 어떤 남성 Y가 불특정(不特定)한 여러 여성들과 BTC관계를 맺게 되면, 그 여성(女性)들을 안정시켜주지 않으면 불안(不安)과 불만(不滿)이 Y의 BTC시스템으로 들어와 역할수행을 충분히 할 수 없고, 또한 불안과 불만이 어디서 들어오는지도 불명확(不明確)하여, 그것을 구분(區分)하기 위해 정신활동에 공급되는 에너지양도 늘어나, 그 공급의 한계(限界)가 나타나면, 두뇌활동에 공급되는 에너지에서 BTC시스템에 들어가는 에너지도 크기 때문에 다른 두뇌활동에 지장(支障)을 줄 수 있으며, 들어오는 정보 또한 적의나 불만족 등이므로 Y는 두뇌활동이 혼란(混亂)하여 이를 처리하느라 안정을 갖기가 힘이 듭니다. 또한 남성은 자신과 BTC를 이루는 여성의 BTF의 방향이 자신이 아닌, 그리고 자신과 관련 없는 다른 남성으로 바뀔 경우, 그 어떤 남성 Y를 적대적(敵對的)인 상대나 악으로 설정하여 제거(除去)상대로 보기 때문에, 이렇게 다른 남성들이 Y를 적대적인 관계로 파악하면, Y는 충돌(衝突)을 피할 수 없게 됩니다.

　　　　여성의 경우도 만약 여성 X가 여러 남성의 BTC시스템에 간섭(干涉)을 준다고 해도, 각각 그 남성들과 BTC를 이루는 다른 여성들이, 자신이 선택(選擇)한 각 남성들의 BTC시스템에 집중적(集中的)으로 간섭하고 있다면, X의 신호는 작고 보잘 것이 없게 되므로, X는 남성으로부터 보호(保護)를 받지 못하게 됩니다. 그러므로 X가 각 남성들에게 BTF를 보내는 활동은 성과 없이 에너지를 소모(消耗)한 것이 되므로, X는 상실감(喪失感)과 우울증(憂鬱症)을 가지게 됩니다. - 반면 매스미디어의 덕분으로 이런 간섭을 업(業)으로 하는 연예인들에게 있어서는, 부족한 BTC를 하는 사람들로부터 관심(關心)을 받기 때문에, 어느 정도 영향력(影響力)을 주기는 하나, 일부(一部)에 불과합니다.

성매매(性賣買)는 성매매를 하는 여성들과 BTC로 연결(連結)되어 안정감을 가져야 하는 남성들을 불안(不安)하게 만드는 요인(要因)입니다. 성매매를 조장(助長)하는 사람들은 단지 쾌락을 위해서 하는 것보다, 사회의 일정부분의 사람들을 혼란스럽게 하여 착취(搾取)하기 쉽도록 하는데 그 의도가 있지 않을까요?

위험의 경고

사람들은 오감(五感)이나 BTF의 수렴(收斂)을 통해 느껴지는 위험을 인식하여 주의(注意)하고, 또한 그 인식을 BTF로 발산(發散)하여 주변사람이 이런 신호를 받으면, 간과되었던 자신의 오감으로부터의 신호에 민감(敏感)하게 되어 위험을 인식하거나, 행동을 조심스럽게 하여 위험한 상황을 비껴가게 됩니다. 사람들이 주변으로 보내는 위험인식에 대한 경고의 BTF는 위험의 정도가 클수록, 가까울수록 발산의 정도도 큰데, 위험은 물리적인 현상(現狀)의 파악일 수 있고, 위험한 의도(意圖)를 갖는 이의 BTF를 읽어 들인 것일 수도 있습니다. - 경고의 BTF는 수렴자에게 두려움을 일으키게 하는 것으로 적의

(敵意)의 성질을 띠고 있다고 파악됩니다.

그림 10. 위험의 경고

그림 10을 통해 설명하자면, B는 A가 처할 수 있는 위험에 대해 인식하고 경고의 BTF를 발산합니다. 그러면 A가 인식하여 B의 직접적인 경고가 있기 전에 스스로 위험을 파악하게 됩니다. 그런데 여기서 위험에 대해 알고 있는 X가 위험에 대한 경고의 BTF를 발산하지 않았다면, A나 B는 X와 커뮤니티의 관계가 아니라고 생각을 하게 됩니다. 이렇게 되면, X는 A와 B가 이루는 커뮤니티에 속하지 못하게 됩니다. 이런 위험에 대한 경고의 BTF는 커뮤니티에서 서로를 보호하기 위한 것으로, 직접적인 위험뿐만 아니라, 여러 위험들도 이와 유사하게 주변이나 커뮤니티로 발산하여 경고(警告)를 합니다. 그리고 이런 위험을 인식하여도, 경고의 BTF를 발산하지 않는 사람은 커뮤니티 안에서 유대감(紐帶感)이 형성되지

않아 퇴출대상이 됩니다.

　　　만약 A와 가까이 있던 B가 위험을 인식하고도 자신의 안전만을 염려해서, B의 안위를 간과(看過)하여 위험의 BTF를 발산하지 않으면, A가 위험에 처하게 될 가능성이 높아지는데, 이런 경우가 사람들에게 만연(蔓延)하게 되면, A, B가 직접적으로 관련이 없어도, 지역사회의 커뮤니티가 와해(瓦解)되기 전의 조짐이라고 볼 수 있습니다.

　　　사회가 복잡해질수록, 위험인식에 대한 경고(警告)의 BTF를 주변에 발산하여, 서로를 보호(保護)해주는 활동이 일상적으로 이루어져야, 복잡한 현대 조직사회가 유지(維持)됩니다. 이런 위험요소의 감지는 사건이 이루어지기 전, 그런 사건이 일어날 것 같다는 조짐(兆朕)을 오감이나 BTF로 수렴하고 BTF로 주변에 발산하므로, 가시적인 위험이 있기 전에 대처(對處)가 이루어지게 됩니다. 이런 활동도 BTC라 생각할 수 있습니다. - 사회생활에서 사람들과 있을 때, 위험에 대한 직접적인 경고가 이루어지는 상황이 오는 것은 자신의 오감과 BTF의 신호(信號)에 대한 이해(理解)가 부족하기 때문입니다.

　　　여성의 경우 BTC활동에 민감하므로, 사회에서 여성(女性)이 위험을 파악하고 경고하는 역할은 남성보다 우위(優位)에 있고, 여성의 이런 활동이 일상생활에서 활발(活潑)하게 이루어져야 커뮤니티가 안정(安定)을 이룰 수 있습니다.

삼재三災, 삼년상三年喪

　불교(佛敎)에서 말하는 삼재(三災)는 침략, 병, 기근인데, 침략(侵略)은 힘이 약한 것으로 인해, 병(病)은 몸이 허약해지기 때문에, 기근(饑饉)은 먹을 것이 없기 때문입니다. 현대의 조직화된 물질문명의 사회에서 삼재를 이야기 한다는 것은 시대에 뒤떨어지는 이야기일 수도 있습니다. 그렇지만 BTC를 이해(理解)하기 위해 다루어볼까 합니다.

　불교에서는 삼재가 드는 시기를 아홉수마다 이루어진다고 보고 있습니다. 이를 BTC와 관련지어 생각해 봅시다. BTC는 BTF를 할 수 있는 능력(能力)이 있어야 합니다. 이런 능력은 인간에게 주어진 것이지만, 성장과 변화(變化)의 시기(時期)에 따라 BTF능력이 다르게 됩니다. 이런 BTF 변화의 시기를 불교에서는 삼재(三災)로 보아 아홉수로 놓고 있다고 생각해 볼 수 있습니다. 아홉수면 만으로 아홉, 열여덟, 스물일곱, 서른여섯, 마흔다섯으로 나가게 됩니다.

　　　　실증자료는 없지만, 불교의 삼재를 토대로 아홉 수마다 BTF능력이 변화된다고 가정하면, 이런 시기마다 BTF의 능력이 다르고 커뮤니티도 변화가 되므로, 사회제도가 현대와 같이 정비되지 않아, 불합리한 상황이 많았던 오랜 과거(過去)에는, 예외적으로 중심커뮤니티는 어느 정도 기회나 안정을 이룰 수가 있었겠지만, 무력과 유대, 소유가 부족한 그렇지 못한 사람들은 BTF의 능력과 BTC의 대상이 변화하는 시기에 적절히 대응(對應)하지 못해 힘든 고비를 겪었을 것입니다.

　　　　오랜 과거 BTC의 변화시기(變化時期)에는, 자신과 커뮤니티의 관계가 불안정해지므로, BTN으로 서로의 일을 돕는 협력이 잘 이루어지지 않아, 생산성(生産性)이 떨어지게 되어, 먹을 것이 부족(不足)해졌을 것입니다. 그리고 BTC의 안정감이 없어 걱정거리는 많아지고, 여러 일에 신경 써서 에너지 소모가 커지게 되어, 몸에서 병에 대항할 에너지가 부족하여, 면역력(免疫力)이 떨어져 병에 취약(脆弱)해졌을 것이고, 또한 커뮤니티의 유대로부터 서로 보호하는 단결력이 느슨하여 불안해져, 두려움이 커지고, 외부의 무장(武裝) 세력에게 대항할 힘도 약해져 곤경(困境)을 겪었을 것이라고 추측해 볼 수 있습니다.

　　　　현대사회(現代社會)는 결속과 유대가 중요하다는

것을 인식하고 있으므로, 사회보장제도(社會保障制度)등을 통해 커뮤니티의 안정을 꾀하여 과거 삼재와 같은 상황이 나타나지는 않겠지만, 커뮤니티의 관계를 소홀히 하는 사람들에게서는 지금도 나타나고 있을 것입니다.

　　　　삼년상(三年喪)의 경우는, BTC변화에 의해 삼재와 비슷한 곤경에 빠지는 것을 방지하기 위하여, 선조가 만들어 놓은 안전장치(安全裝置)라고 봅니다. BTC를 이루는 커뮤니티의 가장 중심인 가족의 경우는 BTC로 안정감을 이루는 가장 기본적인 관계인데, 그 커뮤니티의 한 구성원이 사라지게 되면, 커뮤니티에 안정감도 사라지게 되고, 안정감을 잃었으니 이런 약함을 이용하려는 이들에 의해 기만과 이용을 당할 소지가 큽니다. 이런 때에 무슨 일을 진행하게 되면, 마찰과 잡음이 생길 가능성이 크고, 무리하게 추진하면 에너지도 많이 필요하게 됩니다.
　　　　이렇게 BTC의 상실(喪失)로 기운이 하락(下落)된 시기에 겪는 혼란을 최소화하고, 삼재와 같은 곤경을 겪게 되는 것을 막기 위해 선조들은 삼년상이란 제도적(制度的) 장치를 만들어, 이를 지키도록 해 누구나 조용하고 차분하게 변화(變化)의 시기(時期)를 갖도록 한 것으로 보입니다.

제 8 장

외모

　　BTC활용능력이 떨어져 BTN으로 협력이 잘 이루어지지 않을 때, 먹는 것으로 기운을 유지하여 안정감을 찾으려하는 경향을 보이면 뚱뚱해질 수 있습니다. 그렇지 않고 두뇌활동을 활발히 하는데도 뚱뚱하면, BTC시스템으로 들어오는 BTF의 신호 일정부분을 무시(無視)하거나 간과(看過)하는 측면이 있을 것입니다.

　　폭식증(暴食症)이 갑자기 나타날 때는 어느 순간 BTC가 이루어지지 않아 불안(不安)하여, 자신의 기운을 지켜야 한다는 강박증(强迫症)이 나올 때입니다. 반면 거식증은 BTC가 이루어지지 않으므로, 식사(食事)를 하면 소화에 필요한 에너지 소모가 두뇌활동에 필요한 에너지 공급을 줄어들게 하여 BTC를 방해(妨害)하므로, 계속 가까운 어떤 누군가의 BTF를 파악(把握)하기 위해서 나타납니다. 식욕부진(食慾不振)은 주로 BTC에 의지(依支)하는 사람이, BTF가 들어오지 않으면 행동이 무기력(無氣

力)해져 나타납니다. BTC가 불안하여 BTF에 예민해지면, 소화불량이 나타나고 두뇌활동에 변화가 일어나는 자극적인 음식을 기피하게 됩니다.

　　　식사를 하면, 기운이 나듯 BTF발산도 자연스럽게 커지므로, 이렇게 식사로 기운이 회복(回復)된 상태를, BTC능력이 뛰어난 어떤 이가 파악하여 억압하거나 이용(利用)하였을 경우에도, 식욕부진이나 거식증이 나타날 가능성이 있습니다. - 이런 사람들은 원인을 모르기 때문에 불안감으로 이런 증상이 나타나는데, 그 이유가 BTC활동이란 사실을 의식적(意識的)으로 알아야 해결(解決)방법을 찾을 수 있습니다.

　　　같은 옷을 계속 입고 다니는 사람이나, 씻는 것을 싫어하는 사람은 BTC활동이 변화(變化)되는 것을 두려워하는 것입니다. 옷이 화려하게 계속 변하는 사람의 경우는 BTC활동이 부족(不足)하여 관심을 받기 위한 의도입니다. - BTC활동이 왕성(旺盛)하게 이루어지면 커뮤니티로부터 간섭이 커서 변화(變化)를 계속 추구(追求)해야 지루하거나 짜증나지 않습니다. 기업에서 크리에이티브(creative)가 자주 언급되는 것은, 성장(成長)의 기본이기도 하지만, 간섭으로부터 자유(自由)로워지기 위해 새로운 것을 추구하기 때문입니다. 미국에서 쿨(cool)하다는 표현이 새롭다거나 흥미(興味)로운 것을 받아들이는 때 사용되는데, 이는 새로운 것이 간섭으로 두뇌(頭腦)의 일정부분에 과부하(過負荷)가 걸려 있는 에너지 공급의 과열을 분산(分散)시킨다는 의미입니다. BTC가 부족한 이들은, 인간관계에서 쿨(cool)한 것은 오히려 도움이 되지 않습니다.

긴 생머리의 여성이 처녀라면 젊은 남성의 환심을 사겠지만, 나이든 여성이 허리까지 내려온 긴 생머리를 하고 있으면 조금은 무섭겠죠. 이는 사람들이 BTF발산이 머리에서 이루어지는 것을 직감적(直感的)으로 파악하기 때문입니다. 그래서 어린아이들은 모자를 쓰는 것을 싫어하고 귀찮아합니다. 성인들도 모자를 쓰면 일정부분 방해를 받게 됩니다. - 비듬이 생기는 이유가 그 자체로 두피(頭皮)의 피부질환이라기보다는 BTF의 발산과 관계가 있을 것이라 추측되어집니다. 머리카락에 윤기가 없어지고, 푸석해지는 것도 비슷한 이유라 봅니다.

스님이 되기 위해 출가를 하면 BTF의 발산력(發散力)을 축소하였다는 뜻으로 삭발하는 것이 아닐까요? 도인들은 반대로 머리를 길게 기르고 다니죠. 구약성서에 나타난 삼손의 경우 머리를 짧게 했을 때 힘이 없어지는 이유를, BTC활동으로 BTF가 들어오지 않아 힘을 쓰기 위한 신호가 없기 때문이라 해석해 볼 수 있습니다.

　　　　삼손의 이야기를 들었을 경우, 머리카락으로도 BTF를 수렴할 수 있지 않나하고 생각해 볼 수 있지만, 성경의 삼손이야기를 살펴보면, 블레셋인이 모인 곳에서 삼손이 두 눈을 뽑히고, 머리카락을 깎인 채 기둥에 묶여 있을 때, 괴력을 발휘한 것으로 보아, 블레셋인들이 삼손에게 보인 관심(關心)의 BF가 BTF의 성질을 띠어, 삼손이 블레셋인의 그 BTF를 척수(脊髓)로 받아들여, 다시 힘을 발휘한 것으로, 구약성서에서 나타난 삼손의 이야기로 보아도, 머리카락은 BTC를 이루기 위한 BTF의 발산에 관여된다고 보입니다.

　　　　삼손이 힘을 발휘하는 원리(原理)는, 머리카락이 길게 자란 머리에서 커뮤니티로 그의 BTF를 발산(發散), 커뮤니티로부터 다시 삼손에게 들어오는 반응(反應)의 BTF를 척수로 수렴(收斂)하여, 그 신호(信號)를 힘을 쓰는 동기(動機)로 하는 것이라 유추할 수 있습니다. 눈이 발산과도 관계있지만, 삼손의 이야기에서 두 눈은 커뮤니티 각 대상의 자아 진동수를 파악하는 것이므로, 두 눈이 뽑혔다는 이야기는, 그가 다른 사람의 자아진동수 대역(帶域)을 파악(把握)할 수 없게 되었다는 의미로 생각해볼 수 있습니다. 기둥에 묶여 있을 때 하느님에 대한 삼손의 기원이 힘을 일으켰다고 하는데, 그 '기원(祈願)'이란 두뇌활동이 BTC시스템의 수렴활동을 일으켰다고 생각해 볼 수도 있을 것입니다. - 성경에 나타난 삼손의 전체적인 이야기를 보면, 삼손의 사례가 The Largest Stray Sheep의 위험(危險)을 보여준다는 것을 알 수 있을 것입니다.

불교, 성경, 그리고 사회현상으로 볼 때 머리카락의 길이가 BTF의 발산과 비례(比例)적으로 연관이 있다고 보이지만, 어떤 직접적인 관계가 있는지는 차후(此後) 연구를 통해 밝혀져야 하는 부분입니다.

세면(洗面)을 자주하는 것이 좋지 않은 것은, BTC활동을 위해서건 아니건 상대에게 자신을 인식(認識)시키기 위해 얼굴빛을 발하는데, 평소 의도적이지 않게 얼굴빛이 방사(放射)되는 것을 피부의 표피나 박테리아 등이 막(膜)을 형성해 일정한 정도로 막고 있어, 이를 제거(除去)하면 몸에서 발산에 이용되는 에너지가 목적 없이 낭비(浪費)되기 때문입니다. 이를 진화로 볼 때, 두꺼운 피부일수록 BTC간섭을 적게 할 것이라 볼 수 있고, 얇은 피부일수록 BTC를 활발하게 할 것이라 볼 수 있습니다.

외모가 많은 사람에게 어필(appeal)되는 것보다 자신에게 필요한 사람이나 그 부류에게 어필되는 것이 에너지 손실을 적게 가져오므로, 남성과 여성은 특정(特定) 대역(帶域)의 얼굴모습으로 진화(進化)가 이루어지는 것으로 파악되고, 그래서 관상(觀相)이라는 것이 나타나게 되어, 그러므로 얼굴은 사람들 간에 서로의 정신활동과 역할분야를 파악하는 지표(指標)로 활용될 것입니다.

많은 사람에게 어필되는 얼굴은 일단 BTC대역은 넓으나 집중력(集中力)은 떨어지므로, 역할수행능력이 부족(不足)할 가능성이 높습니다. 이런 사람이 BTC활용능력을 갖추지 못하면, 경제적으로 어려운 상황에 직면하게 됩니다. 여성의 경우도 BTF의 일정 대역에 대한 집중력이 떨어지면, 남성과 긴밀한 사이가 될 수 없고, 부를 이룰 가능성도 적게 됩니다. - 그래서 미인박명(美人薄命)이란 말이 나오게 된 것으로 보입니다. 간섭만 하고 안정을 주지 못하면 삶이 힘들겠죠.

키가 큰 사람과 작은 사람의 경우, 키가 큰 사람은 척수가 길고 다른 사람보다 높은 곳에서 발산활동을 하여, BTC활동 폭이 넓을 것이라 생각해볼 수 있습니다. 얼굴모습과 비슷하게 BTC의 폭이 넓으면 집중력이 약해지므로, 키 큰 사람은 싱겁다는 이야기가 나오게 된 것이 아닐까 합니다. 반면 작은 사람은 폭(幅)이 한정적(限定的)이지만 집중적(集中的)일 것입니다.

몸집이 작은 사람의 식사량이 몸집이 큰사람과 비슷하다면, 순수하게 몸을 유지하기 위해 필요한 에너지 양이 상대적으로 작기 때문에, 그만큼 정신활동에 쓸 에너지가 풍부해집니다. 그러므로 동일한 에너지를 획득하면, 작은 사람의 BTC능력이 큰 사람보다 좋게 됩니다. - 몸집이 큰 사람의 경우, 자극에 대비하여 몸에서 느끼는 두려움이 작은 사람에 비해 크기 때문에 이에 들어가는 에너지 소모도 크게 됩니다.

남성이 여성의 눈빛, 머리카락, 피부를 보는 이유는 BTF의 발산능력을 보는 것이라 유추(類推)할 수 있습니다. 그리고 키를 보는 것은 BTF 활동 폭을 보는 것이라 생각됩니다. 그러면 몸집은 전체적으로 BTC관리 능력을 보는 것이 되겠죠. - 등에 땀 날 때와 등이 자주 가렵다고 느껴질 때는 BTF수렴에 민감해질 때가 아닐까요?

호흡

앞서 간단히 다루었지만, 특정 두뇌활동에 따라 에너지 공급을 위해 호흡량이 변화되므로, 역(易)으로 호흡(呼吸)활동을 의식적(意識的)으로 조절하여 두뇌활동을 변화(變化)시킬 수 있습니다. 현대의 복잡한 사회에서 정서안정(情緒安定)을 위하여 스스로 호흡활동에 의도적인 간섭이 필요합니다. 호흡은 일단 환경에 적응하며 해야 하지만, 정신활동을 할 때 일정한 정도로 의도적인 간섭을 주면, 불필요(不必要)한 외부 자극이나 BTF로 간섭받는 정신활동을 억제(抑制)하고, 자신의 관심분야에 두뇌활동을 집중(集中)할 수 있습니다. 이것은 지금 스스로 해보면 알 수 있습니다.

　　　　안정된 두뇌활동을 위한 호흡에 있어, 많은 양의 긴 호흡이 필요한 이유는 두뇌활동을 연속(連續)시켜 깊이 있는 생각을 하기 위함입니다. 가볍게 빨리하면 자극과 변화에 대응(對應)은 잘하겠지만, 안정되지 않습니다. 이런 가벼운 호흡을 유용하게 쓰는 것은, 어떤 불필요한 생각에 고민하려는 순간 짧은 호흡을 가볍게 하면 벗어날 수 있습니다.

　　　　숨을 깊게 들이마시게 되면, 정신활동이 활발히 이루어지게 됩니다. 그런데 주위의 여러 좋지 않은 상념(想念)들로 너무 많은 간섭을 받고 있으면, 오히려 내뱉는 숨을 의식적으로 하여 그런 생각이 드는 것을 차단(遮斷)할 수 있습니다.

　　　　자신도 모르게 숨이 너무 잘 쉬어지면, BTC가 이루어지는 상황이고, 숨이 힘겨우면 BTC가 부족한 상황입니다. 그러므로 의도적이지 않게 숨이 너무 잘 쉬어지면, 자신과 BTC로 연결된 사람의 근황(近況)을 살펴 서로 도와야 하고, 그렇지 않고 잘 쉬어지지 않으면, 가까이 있는 사람과 친분(親分)을 유지하려 노력을 해야 합니다.

BTC활동할 때 모습

다른 사람의 생각을 읽을 때 사람의 표정은 대체로 '천진난만해 보인다.'라고 표현해야 될 것 같습니다. 동안(童顔)이나 어린아이와 같은 반응을 보이는 사람은 다른 사람의 마음을 잘 읽는 사람입니다. 그리고 가까이 지내는 사람들은 천진난만하게 지내므로 마음도 잘 통(通)할 것입니다.

초롱초롱한 눈망울은 BTC가 잘 이루어진다는 것을 보여줍니다. BTC의 파악이나 두뇌활동에 집중할 때는 대체로 눈동자를 위로 향합니다. 지나치게 할 때는 고개를 숙이고 눈을 뒤집어 까듯 위를 향합니다. 그렇다고 앞에 초점을 맞추고 있는 것은 아니어서 봐도 적대감은 느껴지지 않습니다. - 초점이 맞춰지면 그 상대는 위험한 상황입니다.

BTC나 두뇌활동을 주로 하는 사람은 대체로 얼굴에서 빛이 나며, 남성의 경우에도 여성스러운 목소리를 냅니다. 그리고 표현력이 풍부하며 감성적(感性的)입니다. - BTC활동이 이루어질 때는 이와 함께 눈빛이 빛나는데, 이런 남성과 적대적이거나 모르는 사람일 경우, 그렇지 않은 사람보다 더 조심(操心)해야 합니다. 어떤 좋지 않은 관념이 들어올지 모릅니다.

이런 사람이 살이 약간 있는 여성이라면, 매력적이게 보이겠죠. 그렇다고 약간 살이 있는 사람의 BTC능력이 그렇지 않은 사람보다 왕성하게 이루어진다는 말은 아닙니다. 식사량과 육체노동이 비슷하면, 마른 사람이 오히려 BTC 활동을 활발히 하는 것입니다. - 예수가 홀로 고뇌(苦惱)하며 기도(祈禱)하는 모습을 떠올려 보면 이해가 될 것입니다.

난 왜 기운이 없을까?

영혼

　　　전에 기술한 책, 기운의 소통에서는 영혼(靈魂)을 다루지 않았습니다. 그 이유는 일반적으로 쓰이는 영혼이란 단어가 폭넓은 의미로 사용되고 있기에 무엇이라고 정의(定義)내리기 어렵기 때문이었습니다. 그래도 여기서는 잠깐 다루어 보겠습니다.

　　　정신적 기운을 본능과 초자아, 그리고 자아로 구분하면, 영혼을 초자아와 구분하기에도, 그렇다고 자아와 구분하기도 모호합니다. 영혼을 육체와 분리되는 독립적인 것으로 보기도 하는데, 주리론(主理論)으로 생각해보면, 영혼은 이(理)로 기(氣)인 육체와 분리되어질 수 있습니다. 한편 주기론(主氣論)의 관점으로 보면 기(氣)가 있어야 이(理)가 존재하므로, 무엇이 옳다고 할 수 없으나, 일단 여기서는 주기론(主氣論)으로 기울어 생각하겠습니다.

　　　주기론에서는 기(氣)가 존재해야 이(理)가 나타나므로, 영혼이란 이(理)가 존재하기 위한 인간내의 기(氣)인 기관(機關)을 생각해보면, 그 기관이 BTC시스템으로, BTC시스템을 운영하는 프로그램(program)을 영혼이라고 보는 것이, 억지스럽게 느껴지지만, BTC활동을 보면, 어느 정도 일리가 있다고 봅니다. BTC시스템의 프로그램을 영과 혼으로 나누면, 영(靈)은 일반적(一般的)이고, 혼(魂)은 개인적(個人的)으로, 영(靈)은 다른 사람과 BTC를 가능하게 하는 BTC시스템 원리(原理)이고, 혼(魂)은 BTC시스템에서 각 개인을 식별하는 자아진동수 대역(帶域)과 그 정보(情報)라고 할 수 있지 않을까 합니다.

혼이 떠다닌다는 표현이나, 혼이 나갔다는 것이나 다른 사람의 혼이 들어왔다는 것 등은, BTC시스템으로 볼 때, 혼(魂)은 자아 진동수 대역과 그 대역으로 형성된 정보들로, 영혼을 부르는 의식에서 BTC시스템에 채널로 형성된 다른 자아채널의 자아 및 정보들이 소통되지 않을 때, 독립(獨立)된 자아로 활동(活動)할 수 있다고 했는데, 이런 현상을 표현한 말 같습니다.

일반적으로 넋이나 얼을 혼과 같은 의미로 보고 있는데, 우리선조들로부터 지금껏 사용하는 언어의 습관으로 볼 때 얼이란 사람들이 혼으로 서로 소통할 수 있게 하는 일정한 정보의 특정한 진동수 대역으로 볼 수 있습니다. '얼빠진 사람'이란 말에서 보듯, 얼을 기반으로 혼이 작용을 하는데 있어 얼이 없으면, 서로의 공통분모를 찾기 어려우므로 밀접하게 연결되기 위한 혼의 소통에 어려움을 갖게 할 것입니다. 그러므로 얼은 세대를 이어 커뮤니티를 유지하게 하는 중요한 역할을 합니다.

넋은 순수 한국말이고 혼은 한자에서 차용하여 두 단어가 같은 의미라고 할 수도 있지만, 마찬가지로 언어습관으로 넋과 혼을 구분 짓는다면 넋은 소통을 위한 것이기 보다는 사람의 기초적인 정신, 즉 사람의 본능을 실현하기 위한 초자아로 볼 수 있습니다. 이러한 관점에서 볼 때 '넋이 나갔다.'는 표현은 자기본위의 본능을 위한 초자아가 발현되지 못하는 상태로 해석할 수 있습니다. 혼의 경우 훌륭한 장인이 물건을 만들 때 '혼을 담는다.'라고 표현을 하는데, 이를 자기본능을 실현하기 위한 정신세계라 해석하기 보다는 갖고 있는 경험과 지식, 기술을 그 물건에 모두 적용한다는 의미로 받아들여지므로, 자아와 관련지을 수 있을 것입니다.

이렇게 풀이하면 우리 선조들은 이미 초자아와 자아, 그리고 BTC시스템의 원리 및 BTF소통을 인식하고 있었고, 이를 언어에 반영하여 넋, 혼, 영, 얼로 적절히 사용하며 커뮤니티를 유지하기 위해 힘써왔다는 것을 알 수 있습니다.

제 9 장

화폐의 가치

　사람이 생존(生存)하기 위해 스스로 획득(獲得)해야 하는 것은 무엇이 있을까요? 물과 음식입니다. 그리고 자연의 위험으로부터, 그리고 이기적인 다른 생명체로부터 자신을 보호하기 위해 거주지가 필요하고, 날씨의 변화에 적응하기 위해 옷이 필요합니다. 간단히 의식주(衣食住)라고 합니다.
　　　　동물들은 그 종류에 따라 획득한 먹이를 저장하기도 하지만, 대부분의 동물들은 그때 먹을 것을, 그때 구해서 먹습니다. 그리고 먹잇감을 보다 안정되게 구하기 위해서 영역(領域)을 확보합니다. 그리고 조직도 형성하고요. 이것은 자신의 존립과 종의 보존과 관련 있고, 이것이 생존이겠죠. 사람은 이런 활동에 아주 잘 적응하여, 사회조직과 과학문명을 만들고 발전시키고 있습니다. 이에 따라 생존에 대한 안정된 미래(未來)를 갖게 되었습니다. 그 안정된 미래가 부(富)입니다. 그럼 부의 근본원리가 무엇일까요?

　　　　의식주를 얻기 위해 X는 모든 것을 혼자 한다고 합시다. X는 자신의 영역을 지키기 위해 대등한 다른 영역의 Y나 Z와 대립합니다. 이때 A와 B가 조직을 형성하여 X의 영역에 나타났다고 합시다. X는 각 A와 B 개인보다 강하지만 A, B 조직보다 약하다하고, X와 A, B는 협력의 여지가 없다고 하면, X가 혼자 소유할 수 있는 범위와 A, B가 소유할 수 있는 범위는 어떻게 될까요?
　　　　X는 소유의 범위가 없고 A, B만 존재(存在)하게 됩니다. X와 A, B는 협력의 여지가 없기 때문에, 우위(優位)에 있는 A, B 조직에게, X는 제거대상입니다. 이렇게 A, B가 Y도 상대를 하고 Z도 상대를 하면, 그들의 영역은 모두 A와 B의 것이 됩니다.

　　　　대부분의 영역을 장악한 A와 B는 너와 나입니다. 그러면 너와 나에게 서로 부족한 것은 어떻게 주고받을까요? 노동과 물건의 교환이나, 노동과 노동, 물건과 물건의 교환(交換)입니다. 그리고 이러한 교환이 번잡해져서 만들어진 것이 화폐(貨幣)입니다. 너와 나의 사이에서는 화폐를 어떻게 정하든 화폐가치는 항상 같습니다. 너와 나가 존립하기 위한 서로의 필요가 같기 때문입니다. 그래서 화폐가치(貨幣價値)는 무의미(無意味)합니다. - 적과는 교환이 없으므로 화폐 또한 생겨나지 않습니다.

조직의 가장 최소단위인 가족을 형성한, 결혼한 남녀가 서로 대등한 위치를 요구하는 것도 이러한 간단한 이유 때문 아닐까요?

A와 B를 상대하기 위해 다른 곳에서도 너와 나가 형성되어 조직(組織)들이 나타났습니다. 다른 조직들은 A와 B가 만든 조직과 대등해졌습니다. A와 B는 영역을 지키기 위해 C를 조직에 포함시켰습니다. 이제 너와 나에게 그가 나타났습니다. - 여기서 남성, 여성은 따지지 맙시다. 자녀는 나의 연장이므로 그가 아닙니다. - 너와 나는 이전부터 가깝게 지냈고, 그는 새롭게 나타났습니다.

이제 다시 교환을 해봅시다. 교환을 위해 화폐가 필요하겠죠. 나는 너와 갑이란 화폐를 쓰고, 나와 그는 을이란 화폐를 쓰고, 너와 그는 병이란 화폐를 쓴다고 합시다. 이때 화폐가치(貨幣價値)는 어떻게 될까요? 너와 나는 나와 그보다 가깝습니다. 그러면 갑이란 화폐는 을보다 가치가 높아집니다.

왜 그럴까요? 그가 필요한 물건을 나에게 요구한다고 합시다. 나는 그에게 필요한 물건을 팔수도 있고, 안 팔수도 있습니다. 그러나 너가 나에게 물건을 요구하면, 너가 존재해야 나도 존립(存立)할 수 있는 근거(根據)가 되므로, 너에게는 안 팔수가 없습니다. 이렇게 화폐 을의 가치는 갑과 비교하여, 그의 필요한 정도(程度)에 따라 정해지게 됩니다. 그런데 너가 아프게 되어 너의 생존에 필수적인 약을 그가 갖고 있다고 합시다. 그러면 너와 그 사이에서 쓰이는 화폐 병의 가치는 그 순간에는 갑과 을의 가치보다 크게 되는데 이는 일차적으로 선(善)의 최소단위(最小單位)인 한 사람의 생존(生存)이 문제가 되기 때문입니다.

그러면 다시 단순하게 생각합시다. 너와 나 그리고 그가 있고, 모두 동일한 화폐를 쓴다고 합시다. 그리고 너와 나는 필요(必要)관계고, 그와는 여유(旅遊)관계로, 너와 나는 그보다 가깝습니다. 너와 그는 둘 다 갑이란 물건을 갖고 있습니다. 그리고 나는 갑이 필요합니다. 나는 갑이란 물건을 너에게 화폐 10을 주고 산다고 합시다. 그러면, 나는 갑이란 물건을 그에게서 어느 정도에 주고 살 수 있을까요?

전과 마찬가지로 살 수도 있고, 안 살 수도 있습니다. 둘 중 한명에게서만 사야 한다면, 너가 화폐 10을 필요로 하고, 그는 화폐 1을 요구해도, 당연히 너에게 화폐 10을 주고 사게 됩니다. - 상술(商術)에서 가장 중요시 되는 것은 너와 나가 되는 것입니다.

가장 밀접하게 연결(連結)되어 각자의 역할(役割)을 하는 너와 나가 만들어내는 화폐가치(貨幣價値)는 그보다 못한 사이의 사람들과 거래하는 다른 화폐의 가치와 비교할 수 없습니다. 수학적으로 수치화 한다면, 너와 나가 밀접(密接)할수록 그와의 상대적(相對的) 가치에 의해 무한대(無限大)로 향해 간다고 표현할 수 있습니다. 너와 나의 소유를 증대시키고, 그를 움직이게 하는 이것이 부(富)의 근본원리(根本原理)입니다.

화폐의 가치와 물건의 가치는 무수한 너와 나, 그리고 그와의 관계에서 결정됩니다. 그리고 이런 관계엔 역할과 의존 등 여러 이해(利害)가 얽혀 있습니다. 이러한 이유에서 동일한 물건이라도 백화점에서 팔 때와 거리에서 팔 때의 가격(價格)이 다르게 되는 것입니다. 또한 같은 노동력이 필요한 일에서 보수(報酬)가 달라지는 것도 이러한 이유 때문입니다. - 너와 나가 만들어내는 사회조직과 계층의 형성에도 화폐가 이용되는데, 사람의 생존에 필수적이면서 고가제품인 주택의 지역별 가격차이가 그 대표적인 사례라 할 수 있습니다.

인플레이션, 이자

조금 더 화폐(貨幣)에 대해 다뤄 보겠습니다. 인플레이션을 생각해봅시다. 너와 나 사이엔 인플레이션이 있을 수 없습니다. 너에 대한 가치평가가 나와 가깝기 때문입니다. - 내가 나를 평가할 수 있나요? 없습니다. - 그러나 그가 존재하면 그와의 관계에 의해 인플레이션(inflation)이나 디플레이션(deflation)이 발생하게 됩니다. 인플레이션을 간단히 설명하면 화폐가치가 하락되어 전에는 갑이란 물건을 화폐 1로 주고 살 수 있었는데, 지금은 화폐 2를 주고 사야 한다는 것으로 화폐 1이란 인플레이션이 나타난 것이 됩니다.

인플레이션이 보여주는 사회현상(社會現象)은 앞서 그를 통해 설명한 것과 같이, 사람과 사람 사이의 관계가 멀어졌다는 것입니다. 사회는 사람과 사람이 조직화되어 역할을 해야 서로 존립을 할 수 있는데, 과학의 발전과 소유의 증대로 사람과 사람사이의 필요성이 낮아졌다는 것을 말합니다. 이것은 또한 너와 나로 구성된 조직은 큰 부를 갖고 있다는 것도 나타냅니다.

인플레이션(inflation)이 발생하면, 경제활동 중심의 커뮤니티에서 소외(疏外)된 이들의 생존이 위협(威脅)받게 되는데, 이들을 퇴출하기 위해 인플레이션이 발생할 수도 있고, 소수(小數)인 부자 커뮤니티의 지배력(支配力)을 확고히 하기 위해서도 그들이 발생시킬 수 있습니다. 과거에는 통치(統治)조직이 부를 집중하고 대중들의 일정한 힘을 억제하기 위해 무력 등의 방법을 사용해 왔다면, 현재는 경제적(經濟的)으로 인플레이션을 이용하여, 대중들에게 축적된 화폐의 가치를 감소시키고, 보이지 않게 지능적(知能的)으로 부(富)를 계속 집중(集中)할 것이라 보입니다.

그러나 경제활동을 하는 사람들은 화폐의 관념성(觀念性)에서 탈피(脫皮)하여, 물건의 실제적(實際的)인 상대가치(相對價値)의 파악(把握)과 생존을 위해 서로의 중요성이 유지되므로, 인위적으로 조작된 화폐가치는 다시 제자리를 잡게 되어, 안정감을 갖게 됩니다. 그러므로 인플레이션(inflation)의 충격(衝擊)은 단기적(短期的)입니다. 반대로 사람과의 협력이 더욱 절실해질 때는 디플레이션이 발생합니다.

디플레이션(deflation)은 관계가 소원한 것을 가깝게 연결(連結)하는 것이 의도이기 때문에 인플레이션보다 오랜 시간(時間)이 걸립니다. 이것은 사람의 맘을 상하게 하긴 쉬워도 즐겁게 하긴 어려운 것과 같습니다.

이자(利子, interest)가 형성되는 것은, 재화가 사람에게 기운의 상승을 가져오는데, 빌려준 재화로 인한 기운의 상승(上昇)으로, 사회 구성원으로서 역할(役割)을 이행할 것에 대한 기대치(期待値)가, 사회적으로 화폐가치에 반영(反映)된 결과입니다.

그래서 가족이나 BTC를 형성하여 조직화되어 움직이는 개인들 안에서는 이자의 문제가 발생되지 않지만, 선(善)의 범위가 확장(擴張)된 사회의 구성원(構成員)들에게 있어서는, 그 사람에게 물건이나 재화를 빌려 줄 때에 그 사람과의 선악(善惡)의 관계가 모호(模糊)하므로, 사회에서 선을 이루는 일정한 역할을 수행해야 하는 것에 대한 기대치를 반영시키게 됩니다. 그러므로 이자(利子)는 선(善)을 이루는 관계(關係)와 역할(役割)에 의해 결정(決定)됩니다. - 사회구성원으로 유대가 부족한 사람들이나 신용(信用)이 낮은 사람들은 선을 이루는 역할이 그 전까지 부족(不足)했으므로, 선을 이루는 역할을 하도록 더욱 압박(壓迫)을 하기 위해 이자가 높아집니다. 반면 유대가 부족하고 신용이 낮은 사람들이 나타나게 된 것이 사회구조적(社會構造的)인 문제가 크다면, 높은 이자로 해결되지 않으므로, 사회제도(社會制度)를 통해 사회적으로 문제를 해결(解決)해 줘야 하는 것이 옳습니다.

이자와 인플레이션의 관계를 생각하면, 10원이

있고, 그에 대한 이자가 1원이라고 합시다. 그러면 통화는 11원이 됩니다. 그리고 그 돈 11원을 다시 빌려주면서 이자(利子)를 붙이면, 다시 돈이 늘어나면서 한정적(限定的)인 실물(實物)에 비(比)해 통화수치(通貨數値)가 증대(增大)되므로 인플레이션(inflation)을 발생시킵니다.

적정한 인플레이션은 사회(社會)를 유지 발전시키는 압박(壓迫)으로 역할을 합니다. 한편 인구의 증가는 생산의 증가로 대응되면 인구의 증가로 발생되는 통화량 증가는 인플레이션을 발생시키지 않습니다. - 이자는 사람에게 요구할 수 있는 역할에 대한 기대치이므로, 그 역할 이상의 이자(利子)는, 사람을 무리(無理)하게 하여 그 기대치가 이루어지지 않게 될 가능성이 커지고, 그런 이유로 원본마저 사라지면 디플레이션(deflation)이 발생하는데, 이는 무리한 이자로 인플레이션을 발생시켜 사람사이가 멀어진 결과로 인해 부가 사라졌으므로, 다시 가까워지기 위해 나타납니다.

보험

부와 보험의 관계를 너와 나의 관계에 의해 살펴보면, 보험(保險)은 미래의 예상치 못한 손해를 보험료로 보장받는 경제제도(經濟制度)인데, 부를 유지시켜주는 것은 사회보장제도가 아닌 너와 나이므로 너와 나의 관계가 소원하다면 부는 모여지지 않고, 너와 나의 관계가 밀접하다면 부는 증가하게 됩니다. 따라서 너와 나의 관계가 소원하면 보험료(保險料)를 지급받았다고 해도 얻은 부를 유지하지 못하고, 너와 나의 관계가 밀접하다면 보험이 없어도 부는 유지가 됩니다.

개인이 역할의 수행을 하지 못할 때의 손해를 감수하여 얻는 보험료 또한 역할(役割)을 다시 회복(回復)하는데 사용되지 못하면 부는 사라지고, 너와 나 중 한명이 사라졌을 때 보장되는 것도, 너와 나의 관계가 소원한 사람은 한사람이 사라지고 나면, 있는 부 또한 지키지 못하고, 얻은 부 또한 유지되기 힘들며, 밀접한 사람은 보험이 필요하지 않을 정도의 부를 가질 것입니다.

그리고 너와 나의 관계를 잘 유지하는 사람은 너와 나를 지키기 위해 힘을 쓰므로 병과 위험을 피하려 노력하여 보험이 필요치 않으나, 너와 나의 관계에 소원(疏遠)한 사람은 너가 사라질 때를 대비(對備)하려 보험을 찾게 됩니다. 이는 너와 나의 관계가 소원해 질 때 병(病)이나 위험(危險)에 노출되기 때문입니다.

그러나 너와 나의 밀접함을 이루는 것은 선(善)의 최소단위(最小單位)인 개인(個人)이므로, 보험의 역할은 최소 선을 이루기 위한 그 개인을 보장(保障)해주는 것에 의의가 있다고 볼 수 있습니다. 그러므로 보험을 생각할 때는 자신의 인간관계(人間關係)의 한계(限界)가 어디까지인지, 그리고 인간관계가 어떻게 변화(變化)를 하고 있는지를 경제적(經濟的)으로 파악하여 고려하는 것이 필요합니다. - 복권(福券)에 당첨되어 잘사는 사람이 있지만, 불행(不幸)하게 된 사람도 있다고 합니다. 부와 복권과의 관계는 어떨까요?

개인이 선(善)을 이루기 위해, 그 개인들이 모여 형성한 사회를 유지하고 발전시키는 역할로, 그리고 구성원들의 에너지를 분배(分配)하고 집중(集中)시키는 역할로, 화폐(貨幣)가 생겨났고 그 역할을 하고 있습니다.

국가 규모로 움직여지는 화폐는 세계에서 거래되고 있습니다. 화폐는 한 국가의 국력(國力)을 나타내며, 또한 한 국가의 구성원인 개인의 힘과 조직력(組織力)을 나타내기도 합니다. 그리고 화폐는 특정집단의 통치(統治)를 위한 수단으로도 악용됩니다. 화폐의 가치가 떨어질 때, 화폐의 가치가 높아질 때, 화폐는 자신의 자산(資産) 가치를 평가하는 기준이 되기도 하지만, 사회조직 구성원들 사이의 인간관계(人間關係)와 자신이 어떠한 상황에 있는 지를 파악(把握)하는 수단으로 활용할 수 있습니다.

사회는 조직화되었기 때문에, 그리고 사회가 발전될수록 화폐는 사라지지 않고, 그 힘을 발휘할 것입니다. 일단 자신의 사회적인 역할이 충분하다면, 화폐는 구성원들로부터 자신의 그 역할을 충실히 수행하라고 주어진, 믿음이라고 보면 되겠습니다.

주식

주식(株式)의 가치는 앞서 화폐를 설명할 때, 서로 다른 화폐의 가치가 결정되는 원리와 같습니다. 다른 것은, 화폐는 서로 다른 국가들 사이에서 상대적으로 비교되어 가치를 판단하는 것인데 비해, 주식은 국가의 화폐(貨幣)가 기반(基盤)이 되어, 국가 안에 존재하는 각각의 회사의 가치를 판단하는 것이 다릅니다.

그래서 국가의 화폐를 가치평가 하는 것에 비해, 회사의 주식에 대한 가치평가(價値評價, 주식은 그 회사가 기반이 된 국가의 화폐가 먼저 평가 고려됩니다.)를 하는 것은 범위가 작아 쉬운데, 단지 국가(國家)단위의 화폐는 규모가 크기 때문에 여러 변수들이 복합적(複合的)으로 작용하므로 몇몇 변수들이 작용한다고 해서, 화폐가치의 변동 폭이 크지 않은데 비해, 회사(會社)는 변수들이 한정적(限定的)이어서 몇몇 변수들이 변하면, 주식가치의 변동폭이 커지게 됩니다.

　　　　　이로 인해 국가의 화폐가치는 일단 평가되면 그리 크게 변동이 없어 환차손익(換差損益)이 적지만, 주식(株式)은 회사 평가 후에 시기적으로 계속 평가를 하지 않으면 양도손익(讓渡損益)의 위험성(危險性)이 높습니다.

　　　　　주식은 국가의 화폐에 의해 존립되므로 회사가 국가 안에서 설립목적(設立目的)에 맞게 역할을 적절히 수행하고, 사회의 각 역할을 하는 법인 및 개인들과의 조직화가 유지되면, 역할에 따른 이익(利益)이 발생하게 됩니다. 현재는 회사의 이익이 전 세계적이어서 국가단위를 벗어난 역할을 하여, 세계화(世界化)에 긍정적으로 역할을 하고 있습니다. 개인도 세계화되면 세계화된 회사와의 역할에서 대등한 관계를 유지하지만, 개인이 세계화되기엔 여러 문제(問題)가 존재하므로, 부(富)는 세계화된 회사로 집중(集中)되는 현상이 발생합니다. - 이 문제를 해결(解決)하기 위해서는 전 세계의 모든 회사들이 세계화되어 이해타산(利害打算)이 세계적으로 복잡(複雜)하게 얽히든가, 세계적으로 지구에 살고 있는 각 개인들이 가까워져, 전쟁이 사라져야 부의 집중으로 인한 세계화된 인플레이션을 막을 수 있습니다.

주식을 발행하는 회사 구성원이 아닌 일반사람이, 주식으로 부를 축적(蓄積)하기 위해서는, 두 가지 방법이 있는데, 회사 구성원의 역할수행 능력(能力)을 판단(判斷)하는 것과 구성원과 직접 밀접(密接)한 관계(關係)를 맺는 것이 있습니다. 회사의 중심 BTC의 커뮤니티와 밀접해야 그 주식으로 부를 축적할 수 있지만, 일반 개인(個人)이 그렇게 되긴 어렵기 때문에, 일반사람이 주식에 투자할 때는 회사 구성원의 역할수행(役割遂行) 능력을 파악하는 것이 필요합니다.

역할수행 능력은 시장(市場)에서 회사의 역할수행 결과(結果)로 나타나기 때문에 파악이 쉽습니다. 단지 결과가 나타나면 이익분배가 되기 때문에, 결과가 나온 뒤에 그 회사의 주식을 파악하는 것은, 회사의 목적에 맞게 역할수행이 다시 계속 될 것이란 기대치로, 잠재적인 미래가치를 보는 것입니다. 이때 미래결과에 대한 기대치의 잠재이익(潛在利益)이, 결과를 분석하여 투자(投刺)하는 사람들에게 잠재적으로 분배(分配)가 되게 됩니다.

주식은 화폐기반의 가치단위이고, 그 가치는 구성원들의 역할과 조직화에 의해 결정되므로, 일반적으로 주식가치는 화폐가치보다는 높으나, 주식은 화폐보다 위험성이 큽니다. 주식에 투자(投資)를 할 때는 그 회사에 어떤 구성원(構成員)들이 모여, 어떤 역할(役割)을 수행하고 있는지와, 구성원들이 받는 급여(給與)로 밀접한 정도를 파악(把握)해야 투자손실을 피할 수 있습니다.

주식이나 화폐, 물질소유로 이루어지는 경제는, 혼자 부를 축척하는 것이 아닌 가족으로부터 사회로의 유기적인 관계에 의해 형성되는 것입니다. - 부를 축적하기 위해서는 이제는 국가를 넘어 세계경제와 호흡을 해야 가능합니다.

제 10 장

부자들의 부 획득

획득의 기본은 경쟁(競爭)입니다. 그리고 그 경쟁을 위해 협력(協力)을 해야 합니다. 남녀가 기본이므로 남녀가 이루는 가족(家族)이 개인의 경쟁력의 중심(中心)입니다. 가장 가깝고 필요한 너와 나는 부부(夫婦)겠죠. 자녀들은 나의 연속이므로 일반적인 너와 나의 관계보다 가깝습니다. - 흥부와 놀부에서 흥부가 부자가 된 이유가 뭘까요? - 협력사회에서 일에 밀접(密接)한 동료 간에서도 너와 나의 관계가 밀접해야 하는 것은 당연합니다. 이렇게 너와 나는 부(富)를 이룹니다.

부를 이룬 조직은 중심인물(中心人物)의 BTC의 한계에 의해 선(善)의 범위(範圍)가 결정이 됩니다. 중심인물과 어떤 사람이 경쟁관계를 가지면, 그 사람이 아무리 조직의 누군가와 선의 관계를 형성해도, 중심인물에겐 해를 입힐 수 있는 악이므로 제거해야 하기 때문입니다.
중심인물의 등장은, 인간이라는 물리적 계(界)를 형성하므로 무력(武力)이 가장 기본(基本)의 권력수단이 되지만, 무력의 우위보다는 역할을 분담시켜 부를 이루는 너와 나의 관계 형성을 위한, 조직관리(組織管理) 능력이 우선(于先)입니다.

명령체계에 의해 중심인물이 등장하고, 이로 인해 조직의 BTC로 선의 범위가 나타났습니다. 그리고 조직은 부를 형성했습니다. 이렇게 형성된 부를 지키는 방법이 무엇이 있을까요?
두 가지 방법이 있습니다. 경쟁(競爭)과 협력(協力)입니다. 경쟁은 앞으로 자신의 부를 빼앗을 수 있는 인물들과 하는 것이고, 협력은 자신의 부를 지켜줄 수 있는 인물들과 하는 것입니다. 누구든 자신의 부를 가져갈 수 있지만, 누구든 자신의 부를 지켜줄 가능성은 적습니다. 그래서 부를 지키는 방법에는 BTC로 안정감이 부족한 이들에게 억압이 주로 사용되고, 이외에 BTC를 이루는 중요 구성원들이 협력관계를 돈독히 맺게 됩니다.

협력으로부터 부 유지

부의 획득과 협력의 근간은 가족에게 있으므로 부를 획득한 서로 다른 이들이 협력을 하기 위해 혼인(婚姻)을 하는 것은 부를 지키기 위한 기본수단(基本手段)입니다. 그 이외의 사람들은 BTF의 발산력이 뛰어난 사람들이 중심인물과 BTC로 중심 커뮤니티가 될 수 있습니다. 그러나 BTF의 발산력이 뛰어나도 BTC활동을 하지 않으면 커뮤니티를 형성시키기 어렵습니다. 이는 앞서 설명한 것처럼 선악의 범위가 모호해지기 때문입니다. 그래서 중심인물과 BTC를 이루고 역할도 수행할 수 있는 사람들이 중심 커뮤니티가 됩니다. - BTF의 발산력은 기본적으로 체력(體力)의 안정으로부터 지식(知識)과 경험(經驗)으로 나오게 됩니다. 문제해결능력이라 보아도 좋습니다.

　　　　자신이 어떤 역할을 목적으로 해서 그 역할에 대한 지식과 경험을 쌓으면, 중심 커뮤니티로 될 수 있는 가능성이 있습니다. 그리고 중심 커뮤니티로 되는 방법은, 중심커뮤니티의 구성원과 혼인으로 맺어지는 것이 기본입니다. 협력은 생산을 위해 영역을 소유하고 지키기 위한 것이므로, 토지(土地) 소유가 부(富)의 척도(尺度)가 됩니다. 그런데 현대사회는 분야가 다양해지고, 지식과 경험이 축적이 되고, 한 분야가 계속 깊어지고 넓혀지고 있어, 중심 커뮤니티가 토지소유 및 한 분야에서 BTF를 독점하기는 어렵게 되었습니다. 그로인해 보다 많은 사람들과 협력(協力)하기 위(爲)해 주식(株式)이 나타났습니다.

　　　　주식은 앞서 이야기 한 것처럼 사람들의 역할과 친밀한 정도에 의해 상대적 가치가 결정 난다고 했습니다. 일반사람들과 중심커뮤니티를 이루는 사람들과의 차이는 화폐를 부의 수단으로 하느냐 주식을 부의 수단으로 하느냐에 있습니다. 영역(領域)은 부를 이루기 위해 기본(基本)입니다. 그래서 중심BTC는 자신들의 영역을 지키며, 그 수단(手段)으로 혈연(血緣)과 주식(株式)을 이용하게 됩니다. 그리고 사회의 각 분야 중심인물들의 BTF로부터 자신들의 커뮤니티가 침범 받지 않도록, 그 중심인물들과 커뮤니티를 이루려하고, 이로써 그 분야(分野)들을 자신의 영역으로 만들려 합니다. - 젊은 나이에 부를 이룬 사람들의 경우 중심커뮤니티와 혈연관계에 있거나 아니면, 중심커뮤니티가 생각하지 못한 분야를 개척(開拓) 한 사람들일 것입니다.

억압으로부터 부 유지

부의 획득은 생산성에만 있는 것이 아니라 남의 것을 빼앗아오는 약탈(掠奪)에도 있습니다. 자신이 속한 커뮤니티와 관련이 적으면, 빼앗아 오는 것에는 윤리적(倫理的)인 문제가 없다고 생각합니다. 이는 선(善)을 이루는 범위(範圍)가 개인으로부터 커뮤니티마다 다르기 때문입니다.

같은 나라의 국민인 한 사람이 없어지면, 그 나라의 다른 한 사람이 얻을 수 있는 물리적인 소유의 범위는 넓어지나, 조직력이 약화되므로 자신과 타협의 여지가 없는 커뮤니티로부터 침략을 받게 되고, 같은 나라의 국민을 제거대상으로 하여 그 이익을 획득하는, 제로섬게임(zero-sum game)이 만연되어버리면, 승자독점(勝者獨占)

이 되어버려 자신도 언젠가는 희생(犧牲)되므로, 이런 패턴은 같은 국민에게는 배신행위(背信行爲)이며, 자신도 자멸(自滅)시키는 행위로, 자신과 사회조직을 지키기 위해 윤리적으로 금기(禁忌)시 됩니다.

그러나 한편 국가는 제도적으로 하나이지만 각(各) 분야(分野)에 BTC의 중심커뮤니티는 존재합니다. 중심커뮤니티는 그들의 조직(組織)을 위해 국가가 와해되지 않는 범위 안에서 제로섬게임과 같은 경쟁과 억압을 이용(利用)할 수 있을 것입니다.

중심커뮤니티가 억압을 통해 부를 획득하는 방법은 사람의 자생력(自生力)을 이용하는 것입니다. 사람은 커뮤니티에서 소외되는 것을 두려워합니다. 그래서 소외에 대한 두려움과 BTC로 선을 이룬다는 즐거움을 적절히 이용하여, 상대로부터 10의 에너지가 있으면 그것의 8을 일에 투입(投入)하게 하고, 회복(回復)할 수 있는 2를 남겨두는 것입니다. 그렇게 되면 2가 남겨진 사람은 다시 10을 획득(獲得)하려하고, 그렇게 획득된 10이 있으면 다시 같은 방법으로 8을 가져가는 것입니다.

또한 BTC를 안정되게 이루지 못하는 사람에게는 선을 이루는 방법으로 희생(犧牲)을 떠올리게 합니다.

희생은 누구를 위한 희생일까요? 말을 하려면 힘이 있어야 하는 것과 마찬가지로, 권력이 있는 중심 커뮤니티는 방송과 언론을 이용합니다. 방송(放送)과 언론(言論)들은 희생에 대해 예찬(禮讚)하고, 희생에 대한 행동방식(行動方式)과 사고방식(思考方式)의 감수성(感受性)을 심기 위해 몇몇 연예인들을 이용합니다.

이런 수단(手段)에 적절히 효과를 보는 연예인(演藝人)들이 인기를 누립니다. 왜 인기를 누릴까요? 대중들이 선택(選擇)한다고 생각합니까? 대중들은 채널 선택권은 있어도 배우를 선택할 수 있는 방송(放送)의 제작권(製作權)은 없습니다. 한 연예인이 멋진 CF에 등장하고, 감수성을 자극하는 드라마(drama)에서 연기를 하면 그 연예인의 인기는 금세 높아집니다. 누가 그 연예인을 멋진 CF에 등장(登場)시키고, 드라마의 주연(主演)으로 만들까요?

자신의 생존(生存)에 가장 으뜸이 되는 법칙(法則), 자신의 이로움을 위한다는 선(善)을 위배(違背)한 희생(犧牲)의 조장(助長)은, BTC의 안정을 바라는 BTC가 부족한, 이런 감정(感情)에 지배(支配)를 받는 사람들을, 중심 커뮤니티를 유지하게 하는, 에너지로 삼기 위한 효과적인 방법입니다. - 연예인도 자신이 속한 커뮤니티의 이익(利益)에 따라 움직입니다.

자연스럽게 하위계층을 만드는 방법 중 하나는 죄의식(罪意識)을 심는 것에 있습니다. 너와 나 그리고 그로 이루어지는 조직에서, 너와 나는 가깝고, 그는 너와 나에게 의존하고 있습니다. 너와 나가 부를 이루고 있습니다. 이때 너가 그에게 해를 입혔습니다. 너는 죄가 있을까요? 그의 입장에선 죄가 있어도 너와 나에겐 죄가 없습니다. 그러므로 그가 의존(依存)하는 너와 나에게 그 대가를 요구하지 못합니다. 이번엔 그가 너에게 해(害)를 입혔습니다. 그는 죄(罪)가 있을까요? 당연히 있습니다. 너와 나의 부를 위태롭게 했으니 그에 대한 대가(代價)를 받아야 합니다. 이렇게 되면 그는 그 죄에 대한 대가를 배상(賠償)해야 하지만, 부가 없으니 빚이 되고, 시간이 흐를수록 요구(要求)하는 대가에는 이자(利子)도 붙고 해서, 그를 계속 궁지(窮地)로 몰아넣게 됩니다.

이렇게 상위계층이 하위계층에게 죄의식을 심는 것은, 물건과 노동의 교환(交換)이라는 화폐의 속성(屬性)으로, 하위계층으로 하여금 상위계층을 위(爲)해 움직여지는 것을 받아들이게 합니다. 그래서 상위계층은 무엇이든 하위계층의 사소한 실수(失手)라도 죄의식(罪意識)을 심으려하고, 하위계층은 이런 죄의식에 옭아매어지지 않기 위해 조심(操心)하여 자신의 발산력을 축소(縮小)시켜버리면, 일정이상의 BTF를 발산하지도 못하여, 그가 속한 BTC의 커뮤니티는 기운이 계속 그 발산력의 정도에서 머무르게 됩니다.

더 끔찍한 것은 계층의 유지를 위해 선대(先代)의 죄(罪)를 후대(後代)까지 강요(强要)하여 죄의식을 심는 것입니다. 오죽했으면 기독교에서 죄를 사(赦)하는 의식(儀式)까지 만들었겠습니까.

단파BF

상위(上位)계층의 여성은 하위계층이라고 여겨지는 남성에게 일정한 강한 단파(短波)BF를 발산을 하여, 그 남성이 그 BF에 영향(影響)을 받아 발산력을 축소시키도록 조장을 합니다. 남성이 발산력(發散力)을 축소(縮小)시킨다는 것은 경쟁력(競爭力)을 일정한 수준이하로 제한(制限)한다는 것이므로, 이는 그 여성의 계층(階層)에 있는 남성의 경쟁력의 우위(優位)를 지키기 위함입니다.

사람들은 단파BF의 발산을 이용하여 상대의 신경계통에 혼란(混亂)을 줄 수 있는데, 사람에 따라 그 능력이 다르겠지만, 파악한 바로는 발산하는 사람의 둘레,

3에서 5미터 정도의 일정거리로 짧고 강한 단파(短波)를 발산(發散)할 수 있습니다. - 영향력의 범위는 개인차(個人差)가 존재하지만, 가까울수록 효과적입니다.

　　　　이때 단파뿐만 아니라 몸에서 일정한 빛을 함께 내보낼 수 있는데, 그 범위에 있는 사람들은 그 단파와 빛을 내뿜은 사람의 BF에 몸이 영향(影響)을 받으면, 사고와 행동이 위축(萎縮)되게 됩니다. 이러한 단파BF는 자신의 우위(優位)를 강조하기 위해 공격적으로 사용되기도 하고, 인간 대 인간으로 위협(威脅)이 느껴지면, 자신을 보호(保護)하기 위해 상대의 행동을 저지(沮止)하려, 상대의 신경계통에 잠시 혼란(昏亂)을 주기 위해서도 이용됩니다. - 나이가 들어가면서, 어떤 사람은 몸이 움츠러들며 등이 굽어지는데, 그 이유가 이런 공격적인 BF를 받게 되어, 척수(脊髓)의 수렴(收斂)활동이 위축(萎縮)되는 것이 원인일 가능성이 있지 않을까 합니다.

　　　　커뮤니티 활동에서 정체성을 유지하기 위해 자아감을 일정한 정도로 유지하여 발산하는 것처럼, 공격적인 단파BF를 방어(防禦)하기 위해서는 자신도 그와 같은 BF발산능력을 갖고 있어야 합니다. 상대의 공격적인 BF가 발산하는 것을 파악할 때, 자신도 그에 대응하여 단파BF를 발산하여야 하는데, 자기 보호본능(保護本能)이 계속 유지되어 왔다면, 몸과 마음에 힘을 주는 것만으로도 몸의 에너지가 증폭(增幅)되어 그에 대응하는 BF의 발산(發散)을 자연스럽게 할 수 있습니다. - 방어는 무의식(無意識)에서 조건반사(條件反射)로 나오기 때문에 특별한 훈련이 필요 없습니다. 그러나 자신의 우위성을 뽐내기 위해 이런 단파(短波)BF를 자주사용하면, 관련 기관들에 무리(無理)가 생겨 발산능력이 저하(低下)되고, 노화(老化)도 빨리 올 수 있습니다. 또한 단파BF를 포함하여 몸으로부터의 무리한 발산은 몸의 조직력(組織力)을 약화(弱化)시켜 탈모와 치아가 흔들거리는 등의 원인이 될 수 있습니다.

공격적인 단파(短波)BF는 불쾌하고 적대적인 감정을 가질 때도 나옵니다. 남성도 하지만, 일상적으로 주(主)로 여성(女性)이 하며, 젊을수록, 넓은 지역에서 활동할수록 도달범위가 넓어, 마주하지 않아도 영향을 받을 수 있습니다. 이때는 공격받는 것을 직접적으로 알 수 없어 대응하기도 힘들며, 그리고 개연성이 있든 없든, 그 공격범위(攻擊範圍)에 있는 자동차 운전자들은 순간 판단력을 놓칠 수 있어, 위험(危險)한 상황에 직면할 수 있습니다. - 아이를 돌보는 여성일수록 조심스럽게 대하는 것이 현명한 사회생활입니다.

음모론으로 본 충격요법

　　마키아벨리(Machiavelli, Niccoló)의 군주론(君主論)에서 시민들에게 군주의 힘을 보여주기 위한 공포(恐怖)는 짧게 하라는 글을 읽었던 기억이 있습니다. 현대사회도 이런 공포조장이 권력(權力)을 지키는 방법으로 사용되리라 추측할 수 있습니다. 공포조성(恐怖造成) 방법에 사용될 수 있는 가능성이 있는 것들을 BTC와 결부하여 설명하겠습니다. '설마' 하겠지만, 권력을 유지하기 위한 방법으로 가능성(可能性)이 있을 수 있습니다.

　　우리나라는 다행히 민주주의와 한글이 만나 정보처리가 쉽게 이루어졌기에, 대중들의 지식과 경험이 풍부해져 대중들의 BTC 커뮤니티로부터 물질의 풍요와 선택권이 형성되었습니다. 그런데 중심 커뮤니티로부터 이러한 대중들의 BTC로 이루어지는 BTF의 발산(發散)의 크기가 커지는 것을 방해(妨害)하는 수단이 있습니다. 그것은 충격을 주는 것입니다.
　　사회적인 파장을 일으키는 충격적인 사건(事件)을 일으키는 것으로, 전염병(傳染病)이나, 큰 화재(火災), 충돌(衝突) 등을 만들어 정서를 한 번 흔드는 것입니다.

이에 언론(言論)은 중요수단(重要手段)입니다. 언론이 작은 사건도 크게 부풀릴 수 있으며, 아나운서의 입에서 나온 한마디로 대중들의 감정의 성질이 변하기도 합니다. 감정은 대중들의 에너지를 모으고 흩어지게 합니다. 실제적인 사실은 없고, 보도만이 있을 수 있습니다. - 가능성(可能性)입니다.

　　　　　전염병(傳染病)이 이용되면, 사람과 사람의 접촉(接觸)이 불안해지기 때문에, 서로 경계하여 BTC를 거부(拒否)하게 됩니다. 그래서 사람과 사람이 멀어지게 되면, 자연스럽게 중심세력의 힘은 커져 부를 획득하는 결과를 가져옵니다. 또한 불안하면 뭔가 안정할 수 있는 것을 갖춰야하므로, 소비(消費)도 나타나겠죠. - 다행히 우리나라 사람들은 BTC가 보다 잘 이루어지므로 커뮤니티의 범위가 넓어, 유대감의 형성이 잘되고 있어, 만약 이런 일이 생긴다고 해도 쉽게 속지 않을 것입니다.

　　　　　중요한 인물이 제거되는 등 참사(慘事)가 나타나면, 슬픔이 퍼져 그 슬픔이 에너지를 분산(分散)시키므로, BTF를 커뮤니티로 발산하게 하는 의지를 갖지 못하고, 그러면 BTC의 활동이 이루어지지 않고, 그로인해 사람들의 BTC 커뮤니티는 축소(縮小)되어 특정세력에 대항할 힘을 갖지 못합니다. 중요논점을 흐릴 때 사용되는 방법일 수 있습니다. - 이런 경우는 우리나라에서 효과적일 수 있는데, 그 이유도 BTC가 원활하기 때문입니다.

　　　　이런 대형 참사가 일어나면, 이런 것을 언론에 터뜨리고, 이를 이용해 감정과 행동을 어떤 한 방향으로 몰고 가는 이들을 조심(操心)해야, 자신의 안위를 흩뜨려 그들의 의도대로 움직이게 하려는 선동세력(煽動勢力)에게 이용당하지 않습니다. 매스미디어 시대에 대형 참사나 사회적인 반향을 이끄는 이슈(issue)는, 언론 없이는 그 역할이 어려우므로, 언론을 비판적(批判的)으로 분석하는 지혜가 필요합니다. 언론(言論)이 사건과 사고에 대해 논리적이고 분석적으로 명확히 밝히지 않고, 감정(感情)을 동요(動搖)시키면, 일단 선동세력(煽動勢力)이 개입(介入)되었을 가능성을 염두(念頭)에 두어야 합니다. - 대형사건과 사고는 왜 정치세력이 바뀔 때에 나타날까요?

　　　　언급한 것 이외에 자잘한 방법으론, 어떤 한 사람이 더 세다고 인정하면, 대체로 그 사람은 다른 사람 위에 서려고 합니다. 그러나 조직의 중심은 BTC의 관리를 잘하는 사람에게 있습니다. 이런 것을 간과하고 커뮤니티 안에서 자신이 중심이라는 생각을 갖게 하고, 다른 사람을 적대적이거나 경쟁관계로 생각하게 만들고, 마찰(摩擦)을 일으키고, 이간(離間)질시키고, 감정을 동요(動搖)시키고, 이러한 활동은 BTC가 안정된 세력이 자신들의 위치를 지키려할 때, 다른 세력(勢力)을 와해(瓦解)시키기 위해 이용됩니다. 그들의 정당성이 있고 없고의 구별실익은 선을 이루는 커뮤니티 안에서나 있는 것입니다.

사람이 부를 이루기 위해서는 너와 나가 중요합니다. 너와 나를 이어주는 BTC가 부를 만드는 중요한 수단(手段)입니다. 따라서 부유한 계층이 다른 계층의 부를 빼앗거나, 부가 이루어지지 않게 하기 위해 사용하는 좋지 않은 수단들은, 다른 계층의 BTC를 해체하거나, BTC가 이루어지지 않게 하는 것에 그 목적이 있습니다.

제 11 장

보호하기

한 개인이, 특히 중심세력의 구성원이 자신을 보호하는 수단으로는, 적의를 자신에게 돌리지 않게 하는 것에 있습니다. 아무리 술수(術數)를 부려도, 미워할 수 없는 외모(外貌)와 차림, 그리고 온화(溫和)한 모습과 에티켓(étiquette)을 가지고, 상대와 마주했을 때는 한 없이 부드러워지며, BTC로 선(善)을 이루고 있다는 모습을 보여줍니다.

　　　　이러면 상대에게, 그 모습이 닮고 싶은 모습이 되어버리고, 그와 BTC를 이루고 싶은 마음이 들며, 그러므로 상대는 그에 대해 적대감을 갖지 못합니다. 중심세력은 마치 나약(懦弱)한 인간처럼 보여 상대가 우쭐해지기까지도 하게 합니다. 그들은 상대의 마음을 움직여 자신을 적으로 생각하지 않게 합니다. 그러나 그들은 한번 적은 계속 적(敵)으로 생각합니다. 그 적에 대한 경쟁심(競爭心)이 그들의 BTC를 뭉치게 하고, 강(强)하게 하고, 유지(維持)하게 하는 동력(動力)이기 때문입니다.

　　　　그들은 상대가 적대감을 풀고, 유연(柔軟)하게 나오면 상대를 제거하기 위해 술수를 교묘(巧妙)하게 할 것입니다. 그들은 이미 안정된 BTC관계를 형성했고, 상대와 BTC관계는 필요 없으며, 단지 자신에 대해 동경(憧憬)하는 사람이 있으면 되고, 자신을 위해 움직여줄 자신보다 BTC가 부족(不足)한 사람이 필요(必要)할 뿐입니다.

　　　　A, B, C 세 사람이 있다고 합시다. A와 B는 갑계층이고 C는 을계층입니다. C는 을계층의 이익(利益)을 위해 B에게 해(害)를 입혔습니다. A는 이 사실(事實)을 알았습니다. 이때 C가 위에서 설명한 것처럼, 적대감을

갖지 못하게끔 BTC를 이용하면, A는 마치 C와 자신이 선을 이루는 너와 나의 사이가 된 것으로 착각(錯覺)을 해버리게 됩니다. 그러면 A에게서 C의 죄는 없어집니다.

이렇게 C의 죄가 사라지고 잠시 활동을 하지 않고 있다가 다시 나타나면, A는 갑계층이고 C는 을계층입니다. 그리고 변한 것은 A의 갑계층은 B가 해를 입어 커뮤티니의 힘이 하락(下落)되었고, C계층은 반사이익(反射利益)을 보았다는 것입니다. 그러나 A는 아직도 C를 선을 이루는 상대로 착각하고 있을 수 있습니다. 그리고 C의 술수(術數)를 A가 알아버렸다고 해도, 갑계층의 손실(損失)은 과거지사(過去之事)가 됩니다.

해와 바람이 사람의 외투를 벗기는 경쟁을 했는데 따스한 해가 이긴다는 우화(寓話)가 있습니다. 사람이 가진 부를 빼앗는 데는 두려움보다 즐거움을 이용하는 것이 쉽습니다. 그리고 그들은 부를 통해 그런 능력을 갖추고 있습니다.

파멸시키기

사람은 일정한 상황에서 나오는 행동을 방식으

로 만들어 무의식에 저장해 놓고, 초자아는 유사한 상황에서 무의식적으로, 그 방식으로 행동을 하여 에너지를 효율 있게 사용하려 합니다. 그래서 초자아는 일정한 여러 상황에 대응되는 각각의 행동패턴을 갖고 있는데, 이런 원리를 경쟁자가 상대를 위험에 빠뜨리기 위한 수단으로 사용하며, 그것은 좋지 않은 행동패턴(行動pattern)을 상대의 초자아에 심는 것에 있습니다.

경쟁자가 상대를 억압하는데 폭력이 적절치 않으면, 상대에게 접근(接近)하여 선을 이루는 즐거운 감정으로 상대의 마음을 열어놓고, 이때 상대가 BTC관계를 이루려 초자아를 활성화시키면, 좋지 않은 습관하나를 심습니다. 그러나 그것을 심기 위해서는 자신이 직접 시범(示範)을 보여야 하는 위험성이 있습니다. 그것은 하나의 행동일 수도 있습니다.

만약 A, B, C가 모일 때 A가 B, C에게 도박을 하는 것을 심어놓으면, A가 없어도 B, C가 모여 있으면 도박을 하게 되고, B, C와 다른 D가 있으면 D를 도박(賭博)으로 끌어들이게 됩니다. 이렇게 B, C가 도박으로 시간을 허비(虛費)하면, A는 목적한 바를 이루게 되는 것입니다. 이런 행동패턴심기는 현대사회에서 경쟁자가 젊은 시절 BTC가 부족한 상대에게 하는 억압으로 인터넷의 롤

플레잉게임, 외설(猥褻)관련 등이 쉽게 이용(利用)이 될 것으로 보입니다. - 행동패턴을 심는 것은 주의력이 부족하고, 관계부족으로 자아감(自我感)이 빈번히 표출(表出)되는 사람을 대상으로 이루어집니다. 그런 사람은 선을 이루는 것을 지향하지만, 선을 가장(假裝)한 악을 구분(區分)해내는 능력이 부족하기 때문입니다. 일단 친구든 동료든 무엇인가 게임(game)을 제안(提案)하는 이들은, 친구나 동료로 가장하여 이런 것을 이용하는 무리일 수 있으니 조심(操心)해야 합니다.

특정 행동을 일으키는 사고패턴(思考pattern)을 심는 것은, 더욱 교묘(巧妙)하고 치밀하며, 상대를 위험에 빠뜨리게 하는데 효과적(效果的)인데, 폭력이 나타나는 것을 아주 순수하고 유아적인 마음으로 이끄는 사고패턴을 심는 것이 있습니다. 이것을 악(惡)을 심는다고 하는 것입니다. 악은 공포와 위험하고 혐오스러운 것을 떠올리게 하지만, 공포(恐怖)와 위협(威脅)은 억압의 대상과 그가 속한 BTC 커뮤니티를 불안(不安)하게 하여 커뮤니티의 BTF 발산(發散)을 축소(縮小)시키기 위해서, 공포로부터 나오는 끔찍한 경험의 BTF를 커뮤니티로 발산시키기 위한 의도(意圖)에서 이루어지는 것입니다.

악(惡)은 오히려 유아스럽고 유치(幼稚)하며, 두

려운 생각이 없이, 조증(躁症)과 같은 아주 순수(純粹)한 마음으로 생명(生命)을 우습게 만들어버리는 그런 사고방식을 심어 그런 행동으로 BTC가 단절되게 하여 스스로를 파멸(破滅)시키는 것에 있습니다. 이러한 사고패턴을 심는 자들은 아주 위험한 자들로 주로 고급두뇌(高級頭腦)를 가진 이들이 상대를 제거(除去)할 때 이용(利用)하는 방법입니다.

이용하기

종말론(終末論)이나 그런 말도 되지 않는 이야기가 계속 나오는 이유는, 사람들에게 두려움을 갖게 하는 데 목적이 있습니다. 이런 종말론은 호객행위(豪客行爲)와 비슷한데, 호객행위에 의해 BTC가 부족한 사람들이 호객행위자의 말에 이끌리는 것처럼, BTC의 유대감이 부족하고, 사회가 어떻게 유지되는지에 대한 이해가 부족한 사람들이 종말론(終末論)과 같은 것에 관심(關心)을 가지게 되면, 그때부터 두려움과 미래(未來)의 불확실성(不確實性)으로 자신이 가진 에너지(energy)가 앞으로 불필요(不必要)한 것으로 여겨 자신의 에너지를 필요이상으로 소비(消費)하고 낭비(浪費)할 수 있습니다.

종말론은 쉽게 만들 수 있고, 유대감이 불안정한 불특정(不特定)한 다수(多數)에게 이루어지는 것으로, 종말론은 끊임없이 만들어져 언론을 통해 이슈화 되어 사람들을 소비하게끔 부추깁니다.

사람을 의존(依存)하게 하는 방법도 이용됩니다. 사람은 안정을 위해 역할로 BTC를 이루어 협력을 해야 하는데, 중심커뮤니티가 BTC를 통해 안정을 이루지 못하는 사람의 역할수행능력을 습득시키지 않고, 사람을 수동적(受動的)으로 만들기 위해 계속 에너지를 조금씩 공급하여, 자립심을 갖지 못하게 하면서 나태(懶怠)하게 만들면, 그것이 사람을 중심커뮤니티에 의존(依存)하는 성향(性向)으로 만들어버립니다.

그렇게 되면 사람은 의식적인 이성적 분석과 판단이 부족하여 의지의 단계를 갖지 못하고, 계속 무의식으로부터 의식적인 혼란스러운 생각과 억압으로 슬픈 감정을 갖다, 에너지가 공급되면 조증과 같은 상태가 되어, 이런 조울증(躁鬱症)의 상태가 반복(反復)됩니다. 이때 외부에서 자극을 주면 그 자극(刺戟)에 의해 행동(行動)이 이루어질 가능성이 크므로, 중심커뮤니티가 필요할 때 목적한 일에 유도(誘導)하여 이용(利用)하려할 것입니다.

친구

　　친구(親舊)나 동료(同僚)를 경쟁상대(競爭相對)로 생각하는 이들이 하는 행동으로, 상대를 위험으로 몰아가는 방법 중 하나는, 종(種)의 보존을 위한 사회본능으로 나타나는 우성(優性)과 열성(劣性)을 이용하는 것이 있습니다. 경쟁상대에게 자신과 상대를 계속 비교(比較)하여, 자신을 우성으로 상대를 열성으로 서로의 관계를 형성시켜 놓습니다. 그리고 경쟁이 이루어지는 시점에 자신을 우성으로 놓았고, 경쟁은 영역과 자리를 차지하는 것이므로, 열성(劣性)은 퇴출되어야 한다는 그런 이유(理由)를 들어 열성으로 몰아간 사람을 퇴출(退出)시키거나 자살(自殺)로 몰아가게 하는 방법입니다.

　　이는 친구를 가장한 경쟁자로부터 이루어지는 행동입니다. 이들은 툭하면 '나 같으면 자살한다.'거나 BTC를 통해 자살이란 메시지를 계속 상대에게 보내어, 상대가 그 언어(言語)의 압박(壓迫)과 열등(劣等)이라고 심어진 설정(設定)으로, 주입(注入)된 자살이란 단어(單語)를 행동(行動)으로 옮기게 하는 것입니다.

　　이런 방법은 커뮤니티 안에서 자리차지를 위한 경쟁을 할 때 주로 이루어지는 것으로, 두뇌활동이 활발한 이들 안에서 나타납니다. - 서열위주의 학교생활과 조직생활이 이런 정신적 압박이 이루어지는 환경을 만듭니다. 우열성(優劣性)을 이용하는 이들은 상대가 이를 간파(看破)하여 대응능력을 갖추면 친구나 동료관계를 청산(淸算)해버립니다.

친구(親舊)란 관계를 맺으면, 서로 BTC가 이루어져 호의와 적의를 통해 거리감(距離感)이 형성되는데, 이런 호의와 적의가 대등(對等)해야 관계가 유지(維持)됩니다. 그렇지 않으면 위에서 언급한 관계로 되어갈 것입니다.

이와는 다르게 친구관계가 너무 잘 형성되어, 가족으로부터 한창 BTC가 확장(擴張)하여 지역사회(地域社會)의 친구와 왕성(旺盛)하게 이루어질 사춘기(思春期)에는, BTF능력도 비슷하여 서로의 마음의 일치(一致)가 잘 되므로, 어떤 한 친구(親舊)가 너무나도 큰 좌절로 인해 자살과 같은 극단적인 선택을 하면, 이런 감정(感情)으로부터의 의지(意志)가 BTF를 이루어 지역사회에서 친구관계를 갖는 커뮤니티로 전달(傳達)되어 그 친구와 같은 생각(生角)과 행동(行動)이 커뮤니티 구성원에게 나타날 가능성이 있습니다.

이런 경우는 부모의 안정된 BTF도 소용이 없을

수 있으므로, 청소년(靑少年)이 BTC시스템에 대해 이해(利害)를 해야 하며, 이런 이해를 바탕으로 자신의 생각(生角)과 행동(行動)이 어떻게 유발(誘發)되는지 스스로 파악(把握)을 해야 합니다.

자신의 행동은 자신의 책임입니다. 그렇지만 현대의 조직사회는 BTC를 이루는 커뮤니티(community)의 책임(責任)이 보다 크다고 여겨집니다.

커뮤니티 성향

커뮤니티의 유지(維持)에 있어, 구성원들이 그 안에서 좋은 모습으로 호의(好意)만 보이려하면, 구성원들의 내부(內部)에는 적의(敵意)가 형성이 되는데, 이는 상대와의 감정거리를 유지하기 위해서입니다.

이런 감정거리를 유지하기 위한 적의는 커뮤니티의 하부로 BTF를 통해 발산이 됩니다. 그래서 커뮤니티의 하부(下部)로 갈수록 BTC로 받는 적의는 크게 됩니다. 이런 적의(敵意)로 하부의 혼란(混亂)이 가중이 되면, 하부는 BTC가 이루어지는 그 BTF에 적의가 대부분이어서 울증(鬱症)과 같은 상황이 되고, 이러한 사람들은 외부에서 보기에도 그 심각성이 보이는데, 커뮤니티를 형성하지 않는 외부(外部) 사람들은 그런 상대의 상태를 이용(利用)하려 하므로, 더욱 극심한 공황장애와 같은 불안감을 느낄 수 있으며, 극단적(極端的)인 선택(選擇)을 할 가능성이 높습니다.

이러한 현상은 계층과 상관없이 그 커뮤니티의 성향에 의해 결정됩니다. - 하부가 자생(自生)을 하기 위해서 이탈(離脫)을 할 수 있으나, 커뮤니티에 머무를 경우 그 커뮤니티와 적대적(敵對的)인 다른 어떤 커뮤니티와 BTC를 이루려 하거나, 협조(協助)할 가능성이 있습니다.

위와는 다르게 커뮤니티가 육체적(肉體的)인 힘을 중심으로 현실 대응능력과 문제해결(問題解決) 능력이 있으면, BTC에 호의(好意)의 BTF가 원활(圓滑)히 이루어지게 되어, 커뮤니티의 상부(上部)는 조증(躁症)과 비슷한 상황이 됩니다.

이때는 기운이 안정되어져 있기는 하나, 선을 이루고자 하는 활동이 커서, 선(善)을 위장(僞裝)하여 악(惡)을 주로 사용하는 이들의 의도를 파악하지 못하고 선을 이루고자 하면, 악을 이용(利用)하는 이들에게 이용당할 위험(危險)이 있습니다. 이런 때는 선을 이루려는 것에 중점을 두는 것을 잠시 미뤄두고, 상대의 선(善)과 악(惡)을 구분(區分)하는 능력(能力)을 우선 갖추는 것이 필요(必要)합니다. - 호사다마(好事多魔)란 말에서 보듯, 악은 그 자체로 나타날 수 없고, 선이 이루어지는 곳에 악이 나타나게 됩니다. 선(善)을 이루고자 하는 BTC의 깊이 있는 교류(交流)와 커뮤니티 확장(擴張)에, 거짓된 선을 이용하는 BTC활용능력이 뛰어난 이들이 나타나는데, 이런 악(惡)은 표면이나 BTF를 통해서도 잘 드러나는 것이 아니어서 쉽게 알 수 없으며, 알려는 사람보다 알고 지내는 사람일수록 BTC시스템에 심각한 교란(攪亂)을 일으켜 그 피해(被害)가 더 큽니다.

가장 이기적인 사람

정의(正義)란 자신의 생존(生存)이고, 선과 악의 기본입니다. 사람은 혼자서는 살 수 없습니다. 최소 남녀가 자손을 낳아 가족을 이루기 때문에, 그리고 그 자손이 다시 결혼을 해야 하기 때문에 사람들에겐 반드시 선(善)을 이루고자 하는 의지(意志)가 있습니다.

가장 이기적인 사람은 되도록 많은 사람과 선을 이루려 합니다. 그 이유는 자신이 가장 잘살 수 있으려면 BTC가 이루어지는 범위가 가능한 한 넓어야 하기 때문입니다. 그래서 가장 이기적인 사람은 될 수 있는 대로 많은 사람들과 선(善)을 이루려, 강자(强者)와 BTC를 이루기 위해 강(强)해지고, 약자(弱者)와 BTC를 이루기 위해 약(弱)해지게 됩니다.

　　　부의 근본인 BTC의 관계를 잘 모르는 사람들은 소유(所有)로부터의 존재(存在)만을 생각하기 때문에, 단지 강자(强者)에게 약(弱)하고 약자(弱者)에게 강(强)할 뿐입니다. 그래서 그들은 사람들이 이루고 있는 선에 기대어 악을 행하고 있는, 부자가 될 수 없는 불쌍한 사람들입니다.

　　　1%

　　　조직의 1%는 99%의 노력(努力)에 의해 만들어지는 것입니다. 99%의 시너지효과(synergy效果)로 나타난 1%의 활동(活動)이 99%로 피드백(feedback)되어 99%에 다시 변화(變化)를 가져와 그런 변화가 1%의 활동을 지탱(支撑)하는 이런 과정이 사회조직이 유지되고 발전하는 순환과정(循環過程)입니다.
　　　1명이 99명을 먹여 살린다는 말이 있습니다. 이

말은 단지(但只) 1%의 활동이 99%에 피드백(feedback)
되는 과정(過程)을 말하는 것에 불과합니다. - 단순 수치
로만 보았을 때, 1%가 살아남으려면 99%가 안정되어야
합니다.

　　　미국 발명가 에디슨의 명언, 1%영감과 99%노
력, 그리고 미국 과학자 라이얼 왓슨의 100마리째 원숭이
현상(The Hundredth Monkey Phenomenon)은 BTC로
본 기(氣)와 이(理)로 어떻게 해석될 수 있을까요?

　　제 12 장

　　　스필버그 감독의 영화 세편으로 본 BTF

　　　스필버그(Steven Allan Spielberg) 감독은 3편
의 영화를 통해 BTF를 다루었습니다. A.I.(제작 2001년,
Artificial Intelligence)에서는 BTF가 없는 상황, 마이너
리티 리포트(제작 2002년, Minority Report)에서는 BTF
가 특수한 사람에게서 이루어지는 상황, 그리고 우주전쟁

(제작 2005년, War Of The Worlds)에서는 스필버그 자신의 가치관을 반영하며 BTF가 일상적으로 이루어지는 상황을 멋지게 영화적으로 표현했습니다.

스필버그 감독은 마치 시계추(時計錘)처럼 왔다 갔다 거리지만 결국 원하는 바를 이루죠. 그리고 보면 스필버그 감독은 헤겔의 변증법인 정반합의 이론을 그의 영화에 잘 반영한다는 생각도 듭니다.

영화적이 아닌 영화가 문화(文化)로서 실제 대중에게 주는 충격의 완성도(完成度) 측면에서 A.I.나 마이너리티 리포트는 우주전쟁의 습작 정도가 아닐까 합니다. 그럼 이 영화들로 BTF와 BTC를 이야기해보겠습니다. 이 영화들은 내용이 중요해서 영화(映畵)를 관람하지 않은 분들을 위해 줄거리도 곁들이겠습니다.

A.I.

A.I.의 내용을 보면, 먼 미래에, 어느 로봇 회사에서 인간을 닮은 로봇이 만들어졌는데, 그 정교함이나 행동이 인간과 너무나 흡사하고, 감정의 표현도 탁월합니다. 그 회사에서 아이의 역할을 하는 로봇이, 외아들이 병

원에 입원한 어느 가정에 보내졌고, 그 로봇은 보내진 가정의 엄마에게 반응(反應)을 하고, 집착(執着)을 하게끔 프로그램 되어있었습니다. 그러다가 병원에서 아들이 완쾌되어 돌아오니, 그 로봇은 아들에게 위태로운 존재가 되어버립니다. 그래서 버려지는데, 그 로봇은 프로그램에 따라 엄마를 찾아, 이런저런 모험을 겪으며 다니다 자신을 만든 박사와 만나고, 자신과 닮은 로봇을 보게 되어, 자신의 정체성에 괴로워하게 됩니다. 그러다 그곳을 나와 물에 빠지게 되는데, 인류가 사라진 먼 미래(未來)에 외계인들이, 이 로봇을 물속에 건져와 다시 작동시켜, 로봇이 지니고 있었던 엄마의 머리카락으로 로봇의 집착을 들어주기 위해 엄마를 복제(複製)하지만, 복제된 엄마는 하루밖에 살지 못해, 그 로봇은 하루를 엄마와 즐거운 시간을 보내며 이야기는 막을 내립니다. - 이 영화엔 아이 역할을 하는 로봇을 만든 그 이유를 미래의 자원고갈로 인한 산아제한(産兒制限)으로 두고 있습니다. 다음 세대가 제한적이어서, 부모가 아이를 대할 때 갖는 사랑의 감정을 어른들이 얻기 위한 것이죠.

   A.I.의 줄거리를 들었을 때 어떤 생각이 드나요? A.I. 도입부에 여자모습의 로봇이 나오며 사랑에 대해 이야기를 합니다.

Love is first widening my eyes a little bit...and quickening my breathing a little...and warming my skin and touching my..

이 로봇이 이야기 하는 사랑이 무엇일까요? 단지 몸의 상태변화로 사랑에 대해 상대에게 인식시키는 것일까요? 엄마를 향해 칭얼대는 그리고 엄마의 미소에 반응하여 좋아하는 그런 로봇을 만든 이유는 무엇일까요?

한번 로봇을 만들어 봅시다. 시각적인 정보로 역학적(力學的)인 판단을 하고, 후각과 미각으로 입자(粒子)와 전하(電荷)의 정보를 습득하고, 귀로 Hz정보를 수집합니다. BTC를 위한 척수와 같은 역할을 하는 안테나(antenna)도 들어갈 수 있겠죠. 그래서 원격(遠隔)으로 송수신(送受信)도 합니다. 또 뭐가 있을까요? 몸속에 자철석(磁鐵石)이 있어 이온(ion)의 변화나, 로봇 주위의 자기장(磁氣場)의 변화도 알 수 있다고 합시다. 그리고 이런저런 동력기능이 있습니다. 인간의 말과 행동에 반응(反應)을 하고, 또한 로봇끼리도 목적을 위해 정보의 교류(交流)도 이루어집니다.

이렇게 만들어진 로봇의 목적(目的)이 무엇일까요? 여러분이 로봇을 만들었다고 합시다. 무엇을 위한 어떤 로봇을 만들까요? 남녀의 사랑을 위한 로봇? 사랑은 왜 하는 것일까요? 부모로써의 감정을 느끼기 위해 아이와 같은 로봇이 필요한가요?

무엇 때문에, 사랑하는 사람을 보면 눈이 촉촉해지고, 가슴이 뛸까요? 무엇 때문에 엄마는 아이에게 미소를 짓고, 무엇 때문에 아이는 엄마에게 칭얼댈까요?

저는 그 이유를 이제는 원론(原論)으로 굳어진 다윈의 진화(進化)라고 생각합니다. 자연의 변화에 적응하며 계속 종을 보존시킬 수 있는, 인간계를 유지할 수 있는, 인간의 구성원소의 조합과 규칙, 그리고 그것을 계속 유지 발전시킬 수 있는 정보와 프로그램을 유전자를 통해 세대(世代)를 거치며 진화시키는 것입니다. 진화가 사랑을 하고, 아이를 기르며, 사람과 사람이 소통을 하는 인간의 즐거움을 갖게 하는 기본적(基本的)인 이유입니다. 그리고 진화가 이런 즐거움을 위해 BTF로 이루어지는 BTC활동을 가져온 것입니다. 그리고 BTC를 할 때 즐거움을 느끼는 이유입니다.

아무리 인간을 정교하게 닮은 로봇이라고 해도, 그리고 인간의 말과 행동에 반응하는 로봇이라고 해도, 인간과 로봇은 교감을 하지 못합니다. 인간과 로봇의 삶의 존재 이유 자체가 다르기 때문입니다. - 진화(進化)하는 로봇(robot)은 생각해 볼만 하겠습니다. 근데 왜일까요? 왜 생명체는 진화할까요? 진화를 이끄는 무엇이 빅뱅(big bang)이 일어난 이유일까요? 그 무엇이 뭘까요?

마이너리티 리포트

스필버그 감독은 자신의 오류(誤謬)를 알았는지, 마이너리티 리포트에서는 교감을 못하는 로봇에서 벗어나, 연약한 여성이 습하고 삭막한 환경에서 앞날을 예지(豫知)하는 능력을 발휘한다는 설정을 하였습니다. 예지의 목적은 범죄(犯罪)가 이루어지기 전의, 인간의 감정(感情)과 의지(意志)를 읽어내는 것으로, 이 영화는 그것을 이유로 해서 경찰이 범죄를 일으키려 했던 사람을 체포하는 가까운 미래를 그립니다.

줄거리는 간단히, 경찰인 주인공이 범죄를 일으키는 미래를 예지자가 예지(豫知)해서, 주인공은 체포되려는 순간 도망쳐, 주인공이 예지된 미래(未來)가 꾸며진 것이고, 그것이 자신에게 누명을 씌우려는 음모(陰謀)라는 것을 밝히는 내용입니다.

이 영화에서 여성이 미래를 예지하는 능력을 발휘하는 것은, 여성(女性)이 남성보다 민감(敏感)하다는 평범한 이유가 그 근거인 것 같습니다. 또한 뇌파(腦波)도 여러 분야에서 활발히 적용되고, 사람의 생각을 읽는 초능력(超能力)이란 것도 보고되고 있으니, 범죄를 일으키기 전에는 뇌파가 강하게 발산(發散)된다고 보고, 또 그러한 뇌파의 성질을 읽을 수 있는 여성 초능력자가 있다고 생각한 것 같습니다.

이 영화의 소재는 범죄가 일어나기 전, 뇌파의 발산과 특별한 초능력자의 감지(感知)에 있습니다. BTF활동이나 BTC가 이루어지는 직접적인 내용은 없고, BTF활동을 단지 감정의 발산으로 보고 있습니다. 그래도 A.I.보다는 인간에게 가까이 접근을 했습니다.

스필버그의 공상과학(空想科學) 영화제작(映畵製作) 방향으로 볼 때, 인간에게서 뇌파(腦波)의 발산과 수렴이 이루어지는 것을 소재(素材)로 다루고, 그것을 영화적으로 적절히 표현했습니다. 제가 이 영화에서 트집을 잡자면, 예지자의 예지를 하는 환경입니다. 어두운 홀에서 특별히 예지능력이 있는 여성이 물에 얼굴만 내민 채 사람들의 감정과 의지를 읽어들이고 있습니다. 이렇게 습하고 어두운 환경에서 예지능력이 활발해질까요? 저는 나약한 여성이 습한 환경에서 예지능력을 발휘한다고 보는 관점에 대해서는 부정적인 입장입니다.

열악한 환경에서 여성이 주위를 경계하는 활동을 하는 것은 타당하나, 열악(劣惡)한 환경은 몸이 그 환경에 적응(適應)하기 위해 몸의 에너지를 소모(消耗)시키고, 영양분의 부족은 정신활동에 필요한 에너지의 공급을 충분히 원활하게 할 수 없어, 오히려 예지(豫知)능력을 떨어뜨립니다. 반대로 편안한 의자에 앉아 풍부(豊富)한 영양분의 공급(供給)을 받는 편이 보다 BTF를 잘 읽어들일 것입니다.

스필버그 감독이 이 영화로 말하고자 하는 것은 간단합니다. 미래는 바꿀 수 있다는 것이고, 예지(豫知)도 오류(誤謬)가 있을 수 있다는 것입니다. 당연한 이야기입니다. 넘어가죠.

우주전쟁

우주전쟁을 이해하기 위해 A.I.와 마이너리티 리포트에 대해 이것저것 설명했습니다. 우주전쟁은 보기 드문 수작(秀作)입니다. 공상과학영화로도, 그리고 스필버그 감독이 그의 영화들 내내 보였던 가족(家族)중심에 대한 생각에서도, 그리고 앞서 제작한 두 영화를 통해 얻고자 했던 것에서도, 그리고 육체(肉體)적 일을 주로 하는 노동자(勞動者)의 정신적(精神的)인 고통(苦痛)을 이해(理解)하는 데도 좋은 자료입니다.

우주전쟁은 1898년 영국의 허버트 죠지 웰즈의 동명 소설이 원작으로, 내용을 간단히 살펴보면, 이혼한 항만 노동자가 아들과 딸을 데리고 이혼한 아내가 있는 처갓집을 찾아가는 과정을 그립니다.

이혼한 아내가 항만노동자인 주인공에게 아들과 딸을 맡기고 떠난 후 갑자기 우주전쟁이 일어납니다. 전쟁을 피해 아내가 있는 곳으로 가는데, 외계인들이 인간을 말살하려는 끔찍한 상황에서 항만 노동자는 자신의 딸을 보호하기에 안간힘을 씁니다. 아들은 제멋대로고요. 후반부에서는 그렇게 잔인한 외계인이 바이러스 때문에 힘없이 쓰러지죠. 결국 항만노동자와 아들, 딸은 처갓집에 도착합니다. 처갓집의 문이 열리고 산광필터에서 나온 빛의 산란을 받으며 이혼한 아내와 그녀의 부모로 보이는 이들이 그들을 맞이합니다.

스필버그 감독이 사용한 우주전쟁의 영화 구조는 오즈의 마법사(The Wizard of Oz, 글 L.F 바움, 삽화 W.W.덴슬로우, 1900년 소설, 1939년 및 1985년에 영화로 제작됨)와 유사합니다. 도로시가 회오리바람을 타고 오즈로 갔다가 다시 돌아오는 과정이죠. 오즈(oz)는 작가가 의도하는 상징(象徵)의 연속입니다. 우주전쟁에서는 항만 노동자인 레이가 아들과 딸을 데리고, 이혼한 아내가 있는 처갓집으로 가면서, 외계인으로부터 침략을 받는 과정이, 도로시가 오즈에서 겪는 과정이고, 이 과정에서 레이가 받는 끔찍하고 급박한, 혼돈의 상황으로 받는 심리적(心理的)인 압박(壓迫)이, 스필버그 감독이 의도(意圖)하는 바입니다. 우주전쟁이 일어나는 동안의 색감(色感)을 말하라고 하면, 핏빛입니다.

　　　　우주전쟁의 외계인 침략은 정신적으로 개발되지 못한 노동자(勞動者)가 그의 정신적인 부분을 안정화(安定化)시켜 주는 여성(女性)이 떠나면, 그 노동자에게 일어날 수 있는, 공황장애와 같은 끔찍한 정신적 고통을 겪게 된다는 것을 암시(暗示)하고 있습니다. 레이는 아들은 내버려두고 딸을 계속 보호합니다. 그것은 레이의 정신적인 부분을 안정화시켜 줄 수 있는 것이 여성인 딸이기 때문입니다.

　　　　육체노동자에게서 여성이 떠나면, BTC활동으로 공황장애와 같은 상황이 벌어질 수 있지만, BTC활동이 부족하면, 오히려 무기력(無氣力)해집니다. 이렇게 무기력하고, 역할마저 부족하면, BTC활동이 이루어지지 않아,

커뮤니티에서 활동하지 못해, 홈리스(homeless)와 같은 상황에 처할 수 있습니다.

　　　　홈리스의 다른 경우는, BTC의 안정감과 BTC의 활용능력이 부족한 이들이, 호의(好意)와 적의(敵意)의 강한 BTF로 상대의 감정(感情)을 동요(動搖)시켜 이익을 추구하는 이들에 의해, BTC부족으로 유대가 약한 그들의 마음에 희생(犧牲)을 조장(助長)하여, 그들의 이익을 빼앗고, 그들의 역할을 뺏기 위해 약(弱)한 마음을 계속 추궁(追窮)하여, 그로인해 그들이 커뮤니티에서의 역할을 수행하는 자리에서 밀려난 결과로도 나타날 수 있습니다.

　　　　기운의 소통에서도 설명했듯이 정신활동의 우위에 있는 여성(女性)이 주로 육체활동을 하는 남성의 BTC 시스템에 간섭(干涉), 비중이 큰 채널을 형성하여 남성(男性)의 정신(情神)을 안정(安定)시킵니다. 이로써 남성은 안정된 정신으로 자연에서 보다 많은 물질의 획득을 가능하게 하는 안정된 힘을 얻고, 그로인해 얻어지는 물질(物質)을 여성에게 제공하여 여성(女性)의 육체(肉體)를 안정(安定)시킵니다.

　　　　이러한 남녀(男女)의 조화는 결혼(結婚)으로 이루어지므로 가족 간, 친족 간에서 보다 강하게 나타납니다. 결혼으로 남녀가 보다 가까운 BTC를 형성할 수 있고, 부모자식관계가 유전적(遺傳的)으로 가까우므로 BTC가 수월하게 이루어집니다.

　　　　　가족에서 남자(男子)아이가 태어나면 육체적(肉體的) 힘을 기반으로 하기 위해, BTC를 이루는 본능(本能)으로 어머니의 정신적 안정을 받으려하고, 여자(女子)아이가 태어나면 정신적(精神的) 활동을 기반으로 하기 위해, BTC를 이루는 아버지의 육체적인 힘이 필요합니다. 그렇다고 남자아이가 아버지를 미워하는 것은 아니고, 단지 어머니가 억압을 받아 일정한 BF의 발산에 지장을 받거나 관심이 다른 곳에 가거나 하여, 남자 아이가 어머니와 BTC를 이루는 것에 지장(支障)을 받으면 누구든 공격적(攻擊的)이 됩니다. 여자아이도 마찬가지입니다. 그리고 남자아이나 여자아이나, 아버지와 어머니의 구분 없이 부모의 BF로 안정감을 가지려하고, 이것은 당연한 생존본능(生存本能)입니다.

　　　　　다시 우주전쟁으로 돌아옵시다. 스필버그 감독은 남성 육체노동자가 이혼(離婚)했을 경우 겪을 수 있는 정신적인 혼란(混亂)을 보여줌으로써, 남성이 왜 가족의 화목에 더욱 많은 힘을 쏟아야 하는지를 알려줍니다. 영화를 본 대다수 사람들은 영화 말미의 처갓집 장면을 보며, 처갓집은 아무 일 없었다는 듯 온전한 것에 대해 의아하게 생각했을 것입니다. 이는 우주전쟁이 노동자가 겪는 정신적 혼란이라는 것을 의도적(意圖的)으로 알려주기 위한 방편(方便)으로, 스필버그 감독이 처갓집의 따스한 온기(溫氣)를 보여주면서 여성(女性)이 남성의 정신적인 부분을 안정(安定)시켜주는 것에 대해 강조(强調)하려 했기 때문입니다.

그런데 스필버그가 보여주려 했던, 이런 문제(問題)를 다르게 고찰(考察)할 수도 있습니다. 영화 초반부에서 이혼한 아내가 남매를 맡기고, 처갓집으로 가는데 이때부터 끔찍한 우주전쟁이 일어나고, 항만노동자인 레이와 자녀들이 그 끔찍한 우주전쟁을 겪고 난 뒤 이혼한 아내가 있는 처갓집에 도착했을 때의 따스한 온기로 보아, 전처(前妻)가 레이를 처갓집으로 오게 하려는 의도로, 전처가 레이에게 남매(男妹)를 맡기는 포석(布石)을 두고, 레이와 연결된 BTC를 통해 그녀로부터의 강력한 적의(敵意)의 BTF를 레이에게 전달(傳達)하여, 레이는 그렇게 끔찍한 정신적 혼란(混亂)으로 어쩔 수 없이, 남매를 안정감(安定感)을 주는 것으로 여겨지는 전처에게 데려다 주기 위해, 이혼한 아내가 있는 옛 처갓집으로 오게 되었던 것으로 해석할 수 있습니다.

이는 후반부에 목적을 달성(達成)한 전처(前妻)

와 그녀의 부모의 표정(表情)으로 나타나며, 초반부에 등장하여 어수룩한 모습을 보인, 전처의 재혼한 남편의 모습이 보이지 않는데서 찾아볼 수 있습니다. 이렇게 해석하여도, 여성(女性)이 남성의 BTC에 안정을 주는 것에는 변함이 없지만, 영화는 정신적(精神的)으로 발달되지 못한 남성인 육체노동자(肉體勞動者)가 여성의 BTF에 휘둘려, 정신적인 혼란을 겪고, 이용(利用)당하며 살고 있다는 것을 보여주는 것이므로, 제 개인적으론 씁쓸합니다.

　　　　스필버그 감독은 우주전쟁에서 BTF를 비롯한 BTC시스템에 대해서는 직접적으로 다루지 않았습니다. 그러나 A.I.나 마이너리티 리포트에서 서투르게 다룬 BTF를 우주전쟁에서는 남성인 육체노동자 입장이지만, 여성과의 단절이, 좋지 않은 쪽으로 보자면 여성의 BTF로 이용을 당할 때도 비슷하게, 정신적 공황상태를 일으키고, 이를 안정(安定)시키는 것은 여성(女性)이라는 것을 영화적 리듬과 흥미, 볼거리, 그리고 배우의 연기력으로 관객들에게 자연스럽게 인식(認識)시켰습니다.
　　　　스필버그 감독의 우주전쟁이란 이 영화는 대중의 정신적, 심리적 안정을 위해 영화(映畵)가 문화로써, 그 존재이유(存在理由)를 보여준 좋은 사례입니다.

제 13 장

바보온달

바보온달 이야기는 BTC로 어떻게 풀어낼 수 있을까요? 김부식(金富軾)의 삼국사기(三國史記), 제45권 5 열전(列傳)에 기록된 바보온달 이야기는 누구나 알고 재미있게 읽었을 것입니다.

고구려 평강왕(平岡王)이 울보 딸을 바보온달에게 시집보낸다고 놀려댔다가 정말로 온달(溫達)에게 시집간다는 황당한 이야기지만, 온달전을 읽어보면 평강공주(平岡公主)가 얼마나 똑똑한 인물(人物)인지 알 수 있습니다. - 여기서 한자로 된 문장은 삼국사기 온달전에서 발췌한 글입니다.

初買馬 公主語溫達曰 愼勿買市人馬, 須擇國馬病瘦而見放者 而後換之 溫達如其言 公主養飼甚勤 馬日肥且壯.

평강공주가 말을 사들이고 키우는 것으로 유추(類推)하면, 그녀가 바보온달을 출중한 인물로 만들 수 있었던 이유를 찾을 수 있습니다. 평강공주는 말을 사들일 때, 병들었어도 국마를 선택(選擇)하는 것으로 보아, '容貌龍鍾可笑, 中心則睟然' 온달의 외모가 어수룩하지만, 그의 맑은 눈동자로 타고난 성품(性品)을 파악하여 말을 키운 것과 같이 온달을 훌륭한 인물로 만들었으리라 봅니다.

여기서 BTC로 그전까지 온달이 바보로 불리었던 이유를 유추해봅시다. 온달은 출중한 재능을 갖고 있었지만, '見盲老母' 어머니가 아들의 자아 진동수를 파악하기 어려워 BTC시스템에 큰 역할을 할 수 없는 처지여서, 그의 재능(才能)이 발휘되지 않았고, 또한 온달의 재능이 나타나기 위해서는 그 재능을 발휘(發揮)할 만큼의 BTF가 여성의 정신(情神)으로부터 뒷받침되어야 하는데, 이런 것을 충족(充足)시켜줄 여성도 주위에 없었던 것으로, 평강공주가 온달의 눈동자로 그의 BTC활용 능력과 재능을 알아보고, 평강왕의 놀림도 있고 해서, 그 말을 빌미와 기회로 삼아 온달에게 시집을 가, 그의 아내가 되었을 것입니다. 그리고 그녀의 BTF로 온달의 BTC시스템에 중심자아채널을 형성하여, 그의 정신을 안정시켜 그의 재능이 능력(能力)껏 발휘되도록 한 것으로 보입니다.

欲葬 柩不肯動 公主來 撫棺曰 死生決矣 於乎歸矣 遂擧而窆

BTC시스템을 언급하지 않아도, 평강공주(平岡公主)가 온달(溫達)의 정신(情神)에 지대(至大)한 영향(影響)을 주었다는 사실을, 김부식은 온달전 후미에 너무나도 깊이 있는 글로 남겼습니다.

자명고

삼국사기 14권 고구려 본기 대무신왕(大武神王) 십오년에 나오는, 낙랑공주(樂浪公主)와 호동왕자(好童王子)의 이야기는 가족과 결혼으로 권력이 이루어지는 BTC에 시사(示唆)하는 점이 많습니다. - 여기서 한자로 된 문장은 삼국사기 대무신왕조에서 발췌한 글입니다.

남성(男性)이 무력(武力)을 기반으로 권력(權力)을 갖기 위해서는 그 남성을 받쳐주는 여성의 정신활동이 필요합니다. 여성(女性)은 남성의 BTC시스템을 안정화시켜주는 것 이외에도, BTF의 수렴으로 외부의 위험(危

險)을 파악(把握)합니다. 여성의 이런 활동은 남성으로 하여금 위험에 대비(對備)하게 하는데, 삼국사기에서 여성의 이런 활동이 자명고(自鳴鼓)라 표현(表現)되었다고 여겨집니다.

삼국사기가 쓰일 당시, 전쟁이 빈번하였지만 지금의 레이더나 첩보위성과 같은 과학기술이 없었으므로, 감지(感知)하는 활동을 대부분 인간의 감각(感覺)에 의존(依存)하여, 이런 활동이 더욱 민감하게 이루어졌고, 상위 무력계층의 남성들은 이런 활동을 여성에 의존하였을 것입니다. 그리고 이런 활동을 위해 그들은 상위계층의 여성(女性)들을 육체노동에 힘을 쓰지 않게 하면서, 영토 주변으로부터 오는 BTF를 감지하는 감각이 계속 유지되게끔 아끼고 보호(保護)했을 것입니다.

김부식(金富軾)은 여성의 이런 감지활동(感知活動)을 파악하고 있었지만, 호동왕자와 낙랑공주에 대한 이야기를 저술(著述)할 당시(當時), 여성의 위험 감지활동에 대해 이해가 부족할 수 있는 사람들에게, 이야기의 개연성(蓋然性)을 주기 위해 자명고(自鳴鼓)라는 가상적(假象的) 장치(裝置)를 만들었다고 보입니다.

崔女將利刀 潛入庫中 割鼓面角口 以報好童 好童勸王襲樂浪 崔理以鼓角不鳴 不備 我兵掩至城下 然後知鼓角皆破 遂殺女子 出降

그러므로 낙랑공주가 자명고를 찢었다는 표현은 낙랑공주가 낙랑왕 최리(崔理)로부터 호동으로의 변심(變心)을 했다는 것이고, 낙랑왕 최리가 이를 알고 낙랑공주를 죽였다는 것은 최리가 자신의 몰락을 방치한 딸로부터 배신감(背信感)을 느꼈기 때문이라고 해석할 수 있습니다. - 다른 해석은 감지역할을 하는 왕국의 어떤 여성을 낙랑공주가 해하였다고도 생각해 볼 수 있지만, 삼국사기의 내용에서 다른 여성의 언급이 없어 단지 추측(推測)일 뿐입니다.

무력으로 권력을 쟁취(爭取)한 남성이 여성을 보호하고, 그런 아버지가 딸을 아끼는 주요 이유는 남성의 BTC에 안정감(安定感)을 주는 것과 함께 여성의 위험감지(危險感知) 능력에 있습니다. 이런 이유로 초기의 권력자에게 있어, 딸의 위치는 아들의 위치보다 중요하게 여겨지는데, 이는 아직 권력자(權力者)의 힘이 강대(強大)하여, 아들의 힘을 억누르기 때문입니다.

王子乎童 遊於沃沮 樂浪王崔理 出行因見之 問曰 觀君顔色 非常人 豈非北國神王之子乎 遂同歸以女妻之

최리가 호동왕자를 데려가 사위로 삼은 의도는 데릴사위적인 성격이 강합니다. 초기 무력을 가진 지배계층의 남성은 딸을 계속 측근(側近)에 있게 하기 위해, 딸이 결혼을 하면 사위를 데려오는데, 이로써 데릴사위의 풍습이 생긴 연유(緣由)라고 파악합니다.

사위가 처가로 오면, 남성의 힘은 여성의 가족으로부터의 BF로 위축(萎縮)되고, 아내의 BTF에 전적으로 지배 받게 되어, 남성이 자신이 자란 영역에 있을 때보다, 능력의 한계(限界)가 낮아지게 됩니다. 이렇게 되어, 그렇지 않은 남성들의 커뮤니티로부터 침략(侵略)을 받게 되면 위태로워집니다.

과거 이런 위태로움을 당하여, 여성이 주로 남성의 집으로 가는 것이 관례(慣例)가 된 것으로 여겨집니다. 서양의 경우 이런 것의 중요성을 파악하여, 여성이 결혼하면 남성(男性)의 성(姓)을 따르게 한 것이 아닐까 합니다. - 자녀의 성을 남성의 성으로 한 것도, 조상이 DNA의 Y염색체의 유전을 직감했을 수도 있지만, 남성의 존재감(存在感)을 높이기 위한 것이 중요한 역할을 했을 것입니다. 그런 존재감이 없다면, 남자가 가족을 위해 싸우는 이유를 스스로 어디서 찾을 수 있겠습니까?

창세기 2장에서 하느님이 아담의 갈비뼈로 여성

을 만들었다는 부분에서도, 인간의 물리적인 성격으로 인해, 남성의 힘에 의한 지배가 사회조직에 안정을 가져다 준다는 것을 공고히 한 것이 아닐까 합니다.

우리나라는 현재, 육이오전쟁을 겪고 난 뒤, 급속도로 경제발전을 해왔기 때문에, 이런 경제발전(經濟發展)의 주체세력인 남성들이 여성인 딸을 보호하고, 일정한 정도로 아들을 억누르는 현상이 나타나고 있는 상황에서, 권력가(權力家)들에 의해 데릴사위와 같은 처가살이가 만연(蔓延)하게 되면, 현대가 아무리 지식과 정보의 사회라고 해도, 그로인해 남성의 육체적인 힘이 약해지게 되면, 여성으로부터 정신적 안정을 받는, 육체적으로 강인(强靭)한 남성들로 이루어진 외세(外勢)로부터의 침략(侵略)으로, 위태로워질 가능성이 큽니다. 또한 남성의 육체가 여성의 정신에 의해 위축(萎縮)되어 제한받으면, 본능적으로 이를 거부(拒否)하는 히스테리(Hysterie)와 같은 사회적 현상(現狀)이 나올 수 있습니다.

後好童還國　潛遣人　若能入而國武庫　割破鼓角　則我以禮迎

결혼한 젊은 남자의 입장에서, 그리고 그의 집안

의 입장에서는 장인어른이 아내의 BTF를 대부분 받고 있으면, 안정감을 갖지 못하고 초조해져, 부인으로 하여금 자명고를 찢으라는 이야기가 나올 법도 합니다.

　　　　자명고 이야기의 결말(結末)이, 남편인 호동왕자가 아내인 낙랑공주를 이용하고, 그녀가 죽는 것으로 끝이 나면, 여성의 입장에서는 이용만 당한 것이 되어, 정당하지 않다고 느낄 것입니다. 그런 염려(念慮) 때문인지 김부식은 이것에 덧붙여, 호동왕자가 무고(誣告)로 인한 불행한 죽음을 당하는 이야기를 다루었는데, 왕의 첫째부인이 권력욕에 의해 둘째부인의 아들인 호동에게 죄(罪)를 씌워, 호동은 왕의 혼란(混亂)과 가족의 분란(紛亂)을 염려, 스스로 죽음에 직면하게 됩니다. 호동(好童)이 왕(王)이 되면 첫째부인의 안위(安危)는 둘째부인에 의해 좌우(左右)될 것이므로, 첫째부인은 호동을 제거하면, 자신의 아들이 태자로 되는 것이 이롭게 되니, 그를 제거(除去)하기 위해 수작(酬酌)을 부린 것입니다.

　　　　여기서 호동이 죽음을 스스로 택한 이유를 BTC로 살펴봅시다. BTC시스템의 채널형성에 부모의 영향력은 크나, 부모가 나이가 들고 기력(氣力)이 약해지고, 젊은 처녀인 낙랑공주의 강한 BTF로 호동의 BTC시스템에 간섭하게 되면, 호동의 BTC시스템에서 낙랑공주의 자아가 중심채널로 형성됩니다. 또한 낙랑공주도 호동의 BTC 시스템에 간섭하고, 파악하기 위해서는 그녀의 BTC시스템에도 호동의 자아를 중심채널로 형성해야 합니다. 이로써 서로 밀접(密接)한 사이가 되면, 안정되어 서로의 삶의 의지(意志)를 더욱 크게 하고, BTC는 그런 의지를 지탱(支撑)하는 힘이 됩니다.

호동의 이런 안정감의 상실(喪失)은 호동의 정신을 피폐(疲弊)하게 하여, 삶의 의지를 꺾었으리라고 보입니다. 또한 첫째부인이 이를 파악하고 술수(術數)를 부렸을 것입니다. 호동왕자가 다른 여성을 아내로 삼을 수 있었겠지만, 낙랑공주의 정신활동을 자명고로 유추해보면, 그녀는 보통사람 이상의 능력을 지녔으니, 호동왕자에게 정신적으로 지대(至大)한 영향(影響)을 준 것은 미루어 짐작할 수 있을 것입니다. - 낙랑공주의 감지(感知)능력도 탁월(卓越)한 만큼, 그녀가 자신을 지키기 위해 남성에게 BTF로 안정(安定)을 주는 능력 또한 출중(出衆)했을 것입니다.

　　　　宜若舜之於瞽瞍 小杖則受 期不陷父於不義 好童不知出於此 而死非其所 可謂執於小謹 而昧於大義

낙랑공주와의 관계를 배제하고, 호동왕자가 암투(暗鬪)로 희생(犧牲)된 것만을 놓고 보면, 김부식이 호동

231

의 행동에 대해 질타(叱咤)하며 언급한, 가족(家族) 안에서의 BTC관계에 의한 처신(處身)은 누구나 알아두어야 할 방법입니다.

가족

　　낙랑공주의 예로 보듯, 가족의 형성에서 여성의 BTF감지 및 BTC활동은 중요한 역할이어서, 한 가정의 어머니는, 아버지가 육체적으로 힘을 쓰면서 문제를 해결하는 것과 마찬가지로, 정신적(精神的)인 역할을 맡아 여러 문제를 해결(解決)합니다. 이런 어머니의 활동으로 가족은 외부의 좋지 않은 BTF로부터 보호(保護)됩니다.
　　그런데 어머니의 정신활동에 다른 여성의 공격적(攻擊的)인 BTF가 오게 되면, 어머니의 정신활동에 문제(問題)가 발생하여, 안정되지 않은 비정상적(非正常的)인 행동들이 나올 수 있습니다. 이런 때는 어머니의 정신활동을 안정시키기 위해, 가족(家族)들이 신경(神經)을 써야, 가족이 외부의 공격적인 BTF로부터 어느 정도 보호가 됩니다.
　　법치사회에서 무력(武力)은 공권력(公權力)에게만 주어졌기 때문에, 사회에서 문제해결(問題解決)이 무력으로 공연히 이루어지지 않으므로, 커뮤니티의 이권(利權) 다툼을 해결하는 수단으로 정신적(精神的)인 측면이 커졌습니다. 그러므로 여성들이 BTC를 이해하고, 정신활동을 강화(强化)해야, 커뮤니티 안에서 이루어지는 여러 다툼에서 여성의 정신적 안정과 그로부터 가족의 안위(安危)가 보장(保障)되어집니다.

가족 안에서 BTC의 대부분이 장손(長孫)으로 이루어지므로, 가족의 첫째가 BTC능력이 뛰어나게 됩니다. 둘째부터는 경쟁력(競爭力)을 갖추기 위해 자신을 특화시키려 합니다. 일반적으로 BTC의 안정을 위해 아버지와 첫째가, 어머니와 둘째가 BTC를 보다 가깝게 합니다. - 자녀가 정신질환(精神疾患)이 있는 경우 첫째이면 아버지로부터, 둘째이면 어머니로부터 좋지 않은 영향력을 받은 것이라 유추할 수 있습니다.

첫째가 남자이고, 둘째가 여자일 경우, 아버지가 지적(知的)인 일에 종사할 경우, 위의 경우와 달리 아버지와 어머니의 관심과 영향력이 첫째에게 집중되는 현상이 나타납니다. 그래서 둘째가 경쟁력을 갖추지 못하면, 힘이 부족해질 가능성이 있습니다. 이런 현상으로 부모들은 화목을 위해 BTC가 부족(不足)한 자녀에게 더 신경(神經)을 쓰는 경향을 보이게 됩니다. 이후 셋째부터는 BTC관계가 부족하므로, 안정감이 없어 가족 및 사회에서 경쟁력이 약화되는데, 셋째가 어릴 때부터 이런 사실을 알고 경쟁력을 강화하기 위한 노력을 하게 되면, 정서적(情緒的)인 측면에서는 부족(不足)하지만, 사회에서의 역할은 오히려 경쟁력을 갖추게 됩니다. - 셋째 딸은 얼굴도 안 보고 데려간다는 말이 여기서 유래된 듯합니다.

성장할 때 대체로 첫째는 부모의 안정된 BTC를 기반으로 둘째를 억압(抑壓)하는데, 둘째가 경쟁력을 획득하여 부모와 BTC관계를 돈독히 하면, 첫째가 BTC를 독식(獨食)하기 위해 둘째를 공격(攻擊)하게 됩니다. 이런 공격으로 성장에 필요한 것을 획득하면, 사회적인 역할로 기반을 잡을 가능성이 높으나, BTC를 통해 물질을 독식하던 성향(性向)이 남아있으면, 중심 BTC의 역할을 할 가능성이 희박(稀薄)합니다. 단지 자신의 사회적 위치를 지키기 위해 억압(抑壓)을 조장(助長)하는 세력이 됩니다. 이런 공격에서 둘째가 견디어 성장해서 사회적인 입지를 가지면, 둘째는 첫째에게 앙갚음을 하는 현상이 나타납니다. 그런데 문제는 이렇게 되면, 첫째나 둘째 모두, 이런 가족의 억압관계(抑壓關係)를 적절히 해결(解決)하여 안정(安定)된 BTC 커뮤니티를 형성한 세력(勢力)에 의해 움직여지는 계층이 된다는 데 있습니다.

정신노동

　　공부(工夫)등 정신노동을 하여 에너지가 두뇌로 집중(集中)될 때, BTC시스템도 함께 활성화(活性化)됩니다. 이런 현상이 일어나는 이유(理由)는, 인간은 사회성(社會性)이 강한 개체이고, 공부도 일종의 사회에서 경쟁과 협력이 이루어지는 상태여서, 적대적 대상에 대해 적의(敵意)의 BTF를 보내고, 협력을 추구하는 대상에 대해 호의(好意)의 BTF를 보내기 위해서입니다.

　　정신노동(精神勞動)이 주로 이루어져, 물리적인 행동(行動)을 억제(抑制)하고 있는 상황에서는, 몸에서 본능적으로 몸을 움직여 물질을 획득(獲得)해야 한다는 강박(强拍)적인 신호가 나오는데, BTC가 원활하게 이루어지면 BTN이 형성되어 이로부터 안정감(安定感)이 생겨, 무의식의 초자아가 보내는 강박적인 신호가 감소(減少)되고, 자아는 정신(情神)에 집중할 수 있는 에너지의 방향성을 계속 유지(維持)합니다. - BTC가 불안정하게 되면 정신노동의 성과가 낮아지게 됩니다.

　　경쟁상대나 적대적인 대상에게는 적의의 BTF를 보내게 되는데, 그로인해 상대의 정신활동에 혼란(混亂)을 줄 수 있습니다. 이것은 보이지 않으므로 파악하는 방법은 어렵고, 사회제도로 통제를 할 수 있는 실질적인 방법이 없기 때문에, 경쟁대상이 된 사람이 스스로 자신의 정신활동을 파악하고 대응(對應)해야 합니다. 이것도 BTN의 안정이 이루어지면 적의의 BTF가 별로 큰 영향력을 줄 수 없지만, 적의의 BTF에 대한 대응능력이 커뮤니티에 존재하지 않으면, 그 적의의 BTF에 대한 억제력(抑制力)이 없기 때문에 커뮤니티로 표출되어 피해를 줄 수 있습니다. 그러므로 커뮤니티는 이런 적의의 BTF를 파악하고 대응하는 능력을 갖추고 있어야 합니다. 대체로 이런 부분은 여성(女性)이 역할을 합니다.

BTC활동을 이해하지 못하고, BTC의 안정감도 부족한 상태에서 두뇌활동을 활발히 하면 - 특히 수렴활동(收斂活動)을 적극적(積極的)으로 하면 - BTC시스템에 적의의 BTF가 들어올 때, 대응능력이 떨어져 위태로울 수 있으며, BTC시스템에 자신이 의도하지 않은 다른 자아의 채널이 형성될 수 있고, 그 대역으로 자신에게 별로 필요 없는 BTF가 들어와 정신혼란(情神混亂)과 돌출행동(突出行動)이 나올 수 있습니다.

삶은 정신만으로 이루어지는 것이 아닌, 행동을 요구하는 것으로, 공부나 정신노동에 집중하여 행동이 표출되지 않으면, 무식의식에서 초자아가 보낸 행동에 대한 신호(信號)의 잠재적인 방향성을 자아가 의식적으로 억누르고 있는 상태가 됩니다. 이런 자아의 에너지 관리에 대한 통제력(統制力)의 한계가 공부의 성과로 이어지는데, 무리하게 자신의 행동을 억제하면, 자아의 활동이 축소되거나 자아에 문제가 생길 때, 그 억눌렸던 신호가 풀리며 행동으로 표출됩니다.

공부를 비롯한 정신노동도 협력과 경쟁이 동시(同時)에 일어나는 사회활동의 일부분으로, 협력(協力)을 지향할 때는 호의(好意)가, 경쟁(競爭)을 지향할 때는 적의(敵意)가 정신에 집중된 만큼 행동으로 과잉 표출(表出)될 수 있습니다. 그러므로 정신노동을 할 때는 이런 신호에 대한 방향성을 행동(行動)으로 어느 정도 적절히 해소(解消)해 주어야 합니다.

과학기술문명의 현대사회는 계속된 발전으로 육체노동에도 복잡(複雜)한 기술(技術)을 요구(要求)하여, 그 기술에 의해 동반되는 정신노동(精神勞動)의 중요성이 커지므로, 사회 전반적으로 Bio Tele Communication에 대한 이해(理解)가 필요합니다.

신의성실 信義成實

자신감, 그리고 겸손

　　사람은 가족이라도 인간이란 하나의 개체(個體)로 다른 개체를 일단 경쟁자(競爭者)라 여겨 BTC로 힘을 억제(抑制)하는 간섭(干涉)을 주기 때문에, 대체로 위치나 맡은 역할에서 자신의 능력껏 일을 하지 못합니다. 그래서 사람들은 스스로 재능은 있는데, 펼 기회를 갖지 못한다고 생각합니다. 그것은 선을 이루는 BTC의 형성이 충분하지 않아서입니다. - 어렸을 때 경쟁력을 갖추기 위한 선의 범위는, 성장하며 협력을 위해 갖추어야 하는 선(善)의 범위(範圍)에 맞추어 넓어져야 합니다.

　　BTC를 이해(理解)하고, 이런 정신활동을 의식하여 알면, 선의 범위를 파악(把握)하고 조정(調整)하는 것이 수월해져, 가족의 안정으로부터 일의 능률은 물론, 자신이 예상치 못한 자신의 능력(能力)도 발휘(發揮)되고, 중요한 역할로 점차 옮겨질 것입니다. 그러나 그러기 전, 기업경영이 가족으로부터 보다 넓은 범위를 가져야 한다는 사회인식이 필요합니다. 이는 사회제도(社會制度)로 안전장치(安全裝置)를 갖추는 것으로 시작됩니다.

의지와 진화의 관계에 대한 소견

　　　심리학자 융이 원형(archetype)이라고 말한, 부모가 아이를 돌보는 것과 같은 특정(特定)한 상황에서 나올 수밖에 없는 사고 및 행동 방식(方式)이나, 개인이 변화의 시기에 가졌던 에너지가 많이 필요한 의지(意志)는 DNA로 기록되어 유전(遺傳)된다고 생각하고 있습니다. 무조건반사가 두뇌를 거치지 않고 척수에서 이루어지는 것처럼, 원형이라는 것도 인간이 세대를 거치며 같은 상황에서 같은 행위를 반복하는 것을, 원형으로 저장하여 다음 세대에 전달하는 것이, 상황을 인식하여 반응하는 여러 변수들을 작게 하고, 필요한 일만을 하게하여 에너지의 효율(效率)을 높인다는 측면에서 유전되는 것이 타당해 보입니다.
　　　또한 의지(意志)로 인해 형성된 관념은 다음 세대가 해야 할 일을 알게 해주고 진화(進化)를 이끈다고 봅니다. 의지는 다윈의 자연선택원리 중 변이(變異)를 이끄는 힘으로 생각됩니다. 한 세대에서 경험을 통해, 필요하지만 얻을 수 없는 것이 필요의 의지가 되어, 다음 세대에서 그것을 갖기 위한 변이가 이루어지는 것으로 저는 생각하고 있습니다.

그럼 어떤 분은 이렇게 생각할 것입니다. 나는 날고 싶다는 의지를 갖고 있다. 이것을 계속 필요로 했다면 진화에 의해 다음 세대에는 날 수 있지 않겠는가? 그러나 필요성에 의한 의지의 형성에는 물리적인 현실성(現實性)과 사회적인 공감대(共感帶)의 형성이 요구될 것입니다. 인간은 사회적 동물이기 때문에 다른 사람도 BTC를 통해 그 의지의 BTF가 정당하다고 생각되어야 하고, 또한 의식이 단순하게 관념으로 만드는 필요성이 아니라 환경에 적응하며, 무의식(無意識)의 활동이 그 필요성(必要性)을 느끼고, 의식(意識)이 필요성을 인식(認識)해, 변화(變化)의 의지(意志)를 가져야 한다는 것입니다. 그렇게 되어 진화가 이루어진다고 생각합니다.

한국이 세계에서 중요역할을 하려면

우리는 훌륭한 문자인 한글을 사용하고 있습니다. 그래서 우리는 정보처리(情報處理)능력이 탁월합니다. 이를 통해 과학과 사회의 여러 분야가 급속도로 발전하고 있습니다. 이러한 발전에 맞춰 우리 안에서 너와 나에 대한 인식이 필요합니다. 그리고 너와 나는 BTC로 연결되어 있다는 것을 알아야 합니다. 나의 생각이 너의 생각을 바꾸게 하는 힘이 된다는 그 사실 또한 알아야 합니다.

서로의 BTC가 활발해지고, BTC시스템의 여러 능력(能力)이 향상이 되면, 부는 커지게 되어 이를 기반으로 과학의 발전이 급속하게 이루어지고, 사회제도가 합리적으로 바뀌게 될 것입니다. 소수만이 누리지 않는 모든 국민이 잘사는 나라가 될 것입니다.

지금도 대다수 국민들이 이를 알고 실천하고 있습니다. 이를 기반으로 우리는 세계로 나가야 합니다. 세계 어디를 가든 한글네트워크로 서로의 맘을 알 수 있고, 서로의 일에 협력할 수 있고, 서로의 미래를 함께 할 수 있습니다. 그렇게 선이 이루어져 부가 쌓이게 되면, 홍익인간(弘益人間)을 실천할 수 있습니다.

과제

초반부 밝힌 BTF와 BTC시스템은 가설에 불과합니다. 이 책의 중후반부에서 BTF와 BTC시스템으로 이루어지는 BTC와 BTN으로 사회현상을 설명하였지만, BTF와 BTC시스템의 실증적(實證的) 규명(糾明)이 이루어져야 당위성(當爲性)을 얻을 수 있습니다.

신희섭 한국과학기술연구원 KIST 신경과학센터장은 Nature Neuroscience에서 (Published online: 28 February 2010 | doi:10.1038/nn.2504), Observational fear learning involves affective pain system and $Ca_v1.2$ Ca^{2+} channels in ACC이란 논문으로 공포의 공감에 대해 규명했습니다.

위의 논문은 여기서 다룬 BTF와 BTC시스템을 실증적으로 규명할 수 있는 가능성을 보여주고 있습니다.

인간의 BTC시스템에 관여하는 기관이나, 분비물질, 영양분 등은 복잡하고 유기적일 것입니다. 이는 생명과학(生命科學) 및 신경과학(神經科學)과 관련되어 끊임없이 연구하는 훌륭한 과학자들에 의해 실증되어 보다 명확하게 밝혀질 것입니다.

나오며

여기서 밝히고 있는 여러 BTC와 관련된 설명들은 세상을 살아가는 모든 사람들이 일상생활에서 사용하고 있는 능력(能力)입니다. 그러므로 실증이 이루어지는 것과는 별도로 스스로 자신의 몸에 관심을 가지고, 자신이 사회생활 속에서 상대에 대해 어떻게 반응하며, 생각하고 움직여지고 있는지를, 몸의 변화에 대해 의식적으로 인식하여 파악하며 알아 가면, 여러분이 여기서 다룬 가설의 옳고 그름을 알 수 있게 될 것이고, 자신의 삶을 보다 더 멋지게 살아갈 수 있는 그런 원리(原理)를 또한 여러분 스스로 파악할 수 있을 것입니다.

Tip

BTC는 자연스럽고 민감(敏感)한 활동입니다. 지금도 여러분이 하고 있습니다. 느껴보세요.

그런데 BTC가 일어나는 것이 '정말일까?' 궁금해서 인위적으로 알고 싶으신 분들이 있을 것 같아 방법 하나를 알려드리겠습니다. 어느 누구보다 가깝게 지내는 사람에게 숫자나 색을 부여해 보세요. 그 사람의 얼굴을 떠올리며, 그 사람으로부터 받은 느낌을 상기시키고, 5와 빨강이라고 구분 지으면, 주변에 5나 빨강이 눈에 띄거나, 문득 그 숫자나 색이 떠오를 때, 그 사람의 BTF가 들어오는 것입니다. 숫자로 할 때는 시계가 좋겠군요. 냄

새로도 한번 해보세요. 그 냄새가 느껴질 수도 있을 것입니다. 원리가 궁금하면 앞의 1장과 2장을 다시 읽어보면 됩니다.

　　　　얼굴이 가장 기본적인 BTC시스템의 자아 식별 코드입니다. 그리고 정보처리를 위해 단순화한 것이 이름입니다. 이름을 흔히 쓰는 보통명사(普通名詞)로 지으면 BTC에 혼란(混亂)을 줍니다. 이유는 아시겠죠.
　　　　연예인들은 일부러 혼란을 주기 위해 보통명사를 쓰기도 합니다. 의도가 조금 그런 사람들입니다. 영어 이름엔 직업이 이름인 경우가 많습니다. 곧바로 떠오르는 이름이 테일러군요. tailor는 재단사란 뜻입니다. 사람은 맡은 바로 BTC를 이루어야 안정되니, 얼굴, 이름, 직업보다 얼굴, 직업으로 곧바로 가면 정보처리가 빠르겠죠. 우리는 일과 관련되어 만나는 사람들을 성에다가 직책을 붙여 기억(記憶)하곤 합니다.

　　　　정치인들이나 연예인이 얼굴을 알리려 기를 쓰는 것도, 꿈에 정치인이나 연예인이 나오는 것도 비슷한 이유입니다. 권력(權力)의 힘은 많은 사람의 BTC시스템에 영향(影響)을 주는데 있습니다. 참고하세요.

아 그리고 '호랑이도 제 말하면 온다.'를 BTC로 한 번 생각해보세요.

읽어주셔서 감사합니다.

추록

여섯 번째 감각의 내용을 신뢰하신 독자께 미비한 점을 보충하여 보다 간단명료하게 이해하실 수 있도록 몇 가지 사항을 첨가하여 알려드리려 이글을 씁니다.

본문에서 BTF 수렴을 척수로만 하는 것으로 가정하였지만, Hz정보를 습득하는 청각(聽覺)이 BTF의 수렴활동에도 관여(關與)할 것이라고 생각을 할 수 있습니다. 귀의 모양은 반원 형태를 띠는데 청각이 Hz정보에서 선별적으로 가청주파수 대역의 소리만을 모은다고는 보이진 않고, 모든 Hz를 받아들일 것이라 유추할 수 있으므로 거리에 있어 분별이 필요한 소리만을 의식화하는 것이지, BTF 또한 수렴하고 있다고 볼 수 있습니다.

그리고 본문에서 머리부근이라고 밝힌 BTF발산 부분은 정수리의 손바닥면적정도라고 여겨집니다. 이렇게 정리해 보면, 정수리부근이 원거리, 미간부근이 근거리의 BTF 발산에 관여 되고, 청각은 주로 원거리, 척수는 근거리의 BTF를 수렴하는 것으로 추측(推測)하여 가정할 수 있습니다. - 인사를 할 때 정수리 부분을 상대에게 보이는 행동은 이러한 BTF의 주고받음을 이미 본능적으로 알고 행동하고 있다는 것을 알 수 있습니다. 또한 귀에서 '윙~' 소리가 심하게 나거나, 귀에 심한 통증과 과열이 생기는 것은 BTF의 수렴활동에 관련지어 생각할 수 있습니다.

이러한 가정으로 본문 제8장 외모에서 삼손이 힘을 발휘하는 원리(原理)를 보충하자면, 머리카락이 길게 자라 덮인 정수리부근에서 커뮤니티로 그의 BTF를 발산(發散), 주변 커뮤니티로부터 다시 삼손에게 들어오는 반응(反應)의 BTF를 척수로 수렴(收斂)하여 힘을 쓰는 것으로, 청각으로 들어오는 BTF는 BTC시스템과 관련이 높아 분석할 수 있는 정보가 상대적으로 크고, 척수는 호의, 적의, 기쁨, 슬픔, 아픔 등 원시적인 여러 성질의 BTF를 주로 근거리에서 받으며, 척수는 특히 직진성이 강한 호의와 적의에 힘이 솟거나 빠지는 것이라 여겨집니다. 물론 청각 또한 호의와 적의에 반응을 하여 호의에 머리가 맑아지거나 즐거워지고, 적의에 과열 및 두통 등이 일어난다고 파악됩니다. - 원형탈모와 앞머리가 벗겨지는 것은 BTF 발산이 지나쳐서 나타나는 문제 아닐까요?

차 후 쓸 책에 담으려 했으나 이어진 책이 나오는 긴 시간동안 여섯 번째 감각을 읽으신 분께서 가질 수 있는 혼란을 방지하기 위해 불가피하게 추록을 만들어 보탭니다.

2011. 5. 24 저자 문창규

부록

자명고 (삼국사기 15권에서 발췌)

金富軾　三國史記　卷 第十四

　　　夏四月　王子乎童　遊於沃沮　樂浪王崔理　出行因見之　問曰　觀君顏色　非常人　豈非北國神王之子乎　遂同歸以女妻之　後好童還國　潛遣人　告崔氏女曰　若能入而國武庫　割破鼓角　則我以禮迎　不然則否　先是　樂浪有鼓角　若有敵兵則自鳴　故令破之　於是　崔女將利刀　潛入庫中　割鼓面角口　以報好童　好童勸王　襲樂浪　崔理以鼓角不鳴　不備　我兵掩至城下　然後知鼓角皆破　遂殺女子　出降　或云　欲滅樂浪遂請婚　娶其女　爲子妻　後使歸本國　壞其兵物

　　　冬十一月　王子好童自殺　好童　王之次妃曷思王孫女所生也　顏容美麗　王甚愛之　故名好童　元妃恐奪嫡爲太子　乃讒於王曰　好童不以禮待妾　殆欲亂乎　王曰　若以他兒　憎疾乎　妃知王不信　恐禍將及　乃涕泣而告曰　請大王密候　若無此事　妾自伏罪　於是　大王不能不疑　將罪之　或謂好童曰　子何不自釋乎　答曰　我若釋之　是顯母之惡　貽王之憂　可謂孝乎　乃伏劍而死

　　　論曰　今王信讒言　殺無辜之愛子　其不仁　不足道矣　而好童不得無罪何則　子之見責於其父也　宜若舜之於瞽瞍　小杖則受　期不陷父於不義　好童不知出於此　而死非其所　可謂

247

執於小謹 而昧於大義 其公子申生之譬耶

　　　　　여름 4월 호동왕자가 옥저를 떠도는데 낙랑왕 최리가 다니다 그런 그를 보고 "보아하니 당신의 모습은 보통사람이 아니다. 혹시 북국신왕의 아들 아닌가?" 묻고는 마침내 함께 돌아가 사위로 삼았다. 그 뒤로 호동이 자신의 나라로 돌아와 몰래 사람을 보내 최리의 딸에게 말하길 "만약 무기고에 들어가 북을 찢고 피리를 깨뜨리면 내가 예로 맞이하지만, 그렇지 않으면 그러지 않겠다." 하였다. 일찍이 낙랑에는 북과 피리가 있어 적병이 가까이 오면 스스로 울었다. 그래서 그 것들을 깨뜨리라 시킨 것이다. 드디어 최리의 딸은 날카로운 칼을 가지고 몰래 무기고에 들어가 북의 가죽을 찢고 피리의 주둥아리를 부수고는 이를 호동에게 알렸다. 호동은 왕에게 권하여 낙랑을 치는데, 최리는 북과 피리가 울지 않아 대비하고 있지 않다가 성 아래까지 다다라 그의 병사들이 싸울 때 북과 피리가 부서진 것을 알았다. 이윽고 딸을 죽이고는 나와 항복하였다. 다르게는 낙랑을 없애려고 청혼을 하여 그의 딸을 아들의 처로 만들고는 나중에 본국으로 돌려보내 병기를 부수게 했다고 한다.
　　　　　겨울 11월 호동왕자가 자살하였다. 호동은 왕의 둘째 부인인 갈사왕 손녀의 소생이다. 모습이 아름답고

고와서 왕의 사랑이 두터워 호동이라 하였다. 첫째 부인은 그가 적통을 빼앗아 태자가 될까봐 두려워하다가 이내 왕에게 거짓 이르기를 "호동이 첩에게 예를 갖추지 않습니다. 앞으로 저를 욕보이려는 것이 아닌지요?" 하였다. 이에 왕이 말하길 "남의 아이라 하여 미워하는 것이요?" 하니 왕비는 자신을 믿지 않아 앞으로 화가 미칠 것이 두려워 이내 눈물을 흘리며 울면서 말 잇기를 "원하건대 대왕께서 은밀히 살피시어 만약 이런 일이 없으면 첩이 죄를 스스로 인정하겠습니다." 하였다. 이에 대왕은 의심하지 않을 수 없어 죄를 물었다. 어떤 이가 호동에게 묻기를 "왜 아들로써 스스로 해명하지 않는가?" 하니 답하길 "내가 만약 해명한다면 어머니의 잘못이 드러나 왕에게 걱정을 끼치게 되니 어찌 효라 할 수 있겠는가?" 하였다. 그리고는 이내 칼에 엎어져 죽었다.

　　　논하여 말하면 왕이 거짓된 말을 믿고, 없는 허물을 들어 사랑하는 아들을 죽인 것은, 인이 없는 것이고 도가 부족한 것이리라. 그렇다고 호동의 잘못이 없는 것도 아니다. 어찌 그런가, 아들로써 아버지의 꾸지람을 받을 때는 마땅히 순임금이 아버지 고수를 대하듯 했어야 한다. 회초리는 맞고 몽둥이는 달아나 아버지가 불의에 빠지는 것을 막아야 하는데 호동은 이것을 알지 못해 마땅하지 않은 곳에서 죽었으니 작은 삼가에 집착하다 큰 뜻에 어두워졌기 때문이리라. 이것을 공자 신생에 비유해야 하나?

바보온달 (삼국사기 45권에서 발췌)
金富軾 三國史記 卷 第四十五

溫達 高句麗平岡王時人也 容貌龍鍾可笑 中心則睟然 家甚貧 常乞食以養母 破衫弊履 往來於市井間 時人目之爲愚溫達 平岡王少女兒好啼 王戱曰 汝常啼聒我耳 長必不得爲士大夫妻 當歸之愚溫達 王每言之 及女年二八 欲下嫁於上部高氏 公主對曰 大王常語 汝必爲溫達之婦 今何故改前言乎 匹夫猶不欲食言 況至尊乎 故曰王者無戱言 今大王之命謬矣 妾不敢祗承 王怒曰 汝不從我敎 則固不得爲吾女也 安用同居 宜從汝所適矣

於是公主以寶釧數十枚繫肘後 出宮獨行 路遇一人問溫達之家 乃行至其家 見盲老母 近前拜問其子所在 老母對曰 吾子貧且陋 非貴人之所可近 今聞子之臭 芬馥異常 接子之手 柔滑如綿 必天下之貴人也 因誰之侜以至於此乎 惟我息不忍饑 取楡皮於山林 久而未還 公主出行 至山下見溫達負楡皮而來 公主與之言懷 溫達悖然曰 此非幼女子所宜行 必非人也 狐鬼也 勿迫我也 遂行不顧 公主獨歸 宿柴門下 明朝更入 與母子備言之 溫達依違未決 其母曰 吾

息至陋 不足爲貴人匹 吾家至窶 固不宜貴人居 公主對曰 古人言 一斗粟猶可舂 一尺布猶可縫 則苟爲同心 何必富貴 然後可共乎 乃賣金釧 買得田宅奴婢牛馬器物 資用完具 初買馬 公主語溫達曰 愼勿買市人馬 須擇國馬病瘦而見放者 而侯換之 溫達如其言 公主養飼其勤 馬日肥且壯

　　　　　高句麗常以春三月三日 會獵樂浪之丘 以所獲猪鹿祭天及山川神 至其日王出獵 羣臣及五部兵士皆從 於是溫達以所養之馬隨行 其馳騁常在前 所獲亦多 他無若者 王召來問姓名 驚且異之 時後周武帝出師伐遼東 王領軍逆戰於拜山之野 溫達爲先鋒 疾鬪斬數十餘級 諸軍乘勝奮擊大克 及論功 無不以溫達爲第一 王嘉歎之曰 是吾女壻也 備禮迎之 賜爵爲大兄 由此寵榮尤渥 威權日盛 及陽岡王卽位 溫達奏曰 惟新羅割我漢北之地爲郡縣 百姓痛恨 未嘗忘父母之國 願大王不以愚不肖 授之以兵 一往必還吾地 王許焉 臨行誓曰 鷄立峴-竹嶺已西不歸於我 則不返也 遂行 與羅軍戰於阿旦城之下 爲流失所中 路而死 欲葬 柩不肯動 公主來撫棺曰 死生決矣 於乎歸矣 遂擧而窆 大王聞之悲慟

　　　　온달은 고구려 평강왕시대의 사람이다. 얼굴과 생김새가 우스웠지만 눈동자가 맑고 마음이 순수하였다. 집은 매우 가난하여 늘 밥을 빌어서 어머니를 모시었는데, 다 떨어진 옷을 걸치고 해진 신을 신고는 사람들이 모여 사는 동네를 오가니, 사람들이 그 모습을 보고 바보 온달이라 하였다. 평강왕의 작은 딸아이가 울기를 잘하여 왕이 놀리며 "네가 늘 울기만하여 내 귀를 시끄럽게 하니, 커서 사대부집의 아내가 될 수 없을 것이다. 그러니 바보온달에게 시집가야겠구나."라고 울 때마다 말하였다. 공주가 열여섯 살이 되어 상부 고씨 집에 시집을 보내려 하자 공주가 말하길 "대왕께서 너는 바보온달의 아내가 돼야 한다고 늘 말씀하시더니 어찌 이제 와서 그 말씀을 바꾸려하십니까? 평범한 남자도 허튼 소리를 하려하지 않는데, 하물며 지극히 높으신 분께서 그러겠습니까? 예로부터 임금은 헛된 말을 하지 않는다 하였습니다. 지금 대왕께서 내리신 명은 사리에 맞지 않아 저는 감히 받들지 못하겠습니다." 왕이 화가나 말하길 "네가 나의 가르침을 따라오지 않고 고집을 부린다면 어찌 너를 위하고, 어찌 같이 살 수 있겠느냐. 마땅히 네가 원하는 곳으로 시집을 가거라."

　　　　이러해서 공주는 보물 팔찌 수십 개를 팔꿈치에 매고 궁궐을 나와 홀로 걷다가, 길에서 한 사람을 만나 온달의 집을 물어 이내 그 집에 이르러 눈먼 늙은 어머니를 보고는 가까이다가가 절을 하고 아들이 있는 곳을 물었다. 늙은 어머니가 답하여 말하길 "저의 아들은 가난하고 천하니 귀한분이 가까이 할 바가 아닙니다. 지금 아가씨의 냄새를 맡으니 향기가 남다르고, 손을 만져보니 부드럽고 매끈하여 마치 솜과 같습니다. 분명히 천하의 귀한 사람일 텐데 어떤 꾐에 빠져 여기에 오게 됐습니까? 제 아들은 배고픔을 참지 못해 느릅나무 껍질을 벗기러 산에 간 것 같은데 오래되도록 돌아오지 않습니다." 공주가 나와 산 밑에 이르자 느릅나무 껍질을 지고 오는 온달이 보였다. 공주가 품은 속내를 말하자 온달은 벌컥 화를 내며 말하길 "이곳은 어린 여자가 다니는 곳이 아니다. 너는 틀림없이 사람이 아니다. 여우나 귀신일 것이다. 가까이 오지마라." 그리곤 돌아보지도 않고 가버렸다. 공주는 홀로 돌아와 사립문 아래서 자고, 아침이 밝자 다시 들어가 어머니와 아들에게 연유를 말하였다. 온달이 우물쭈물하며 결정을 내리지 못하자 어머니가 말하였다. "제 아들은 볼품이 없어 귀한분의 배필이 될 수 없으며, 제 집은 가난하여 귀하신분이 있을 만한 곳이 못됩니다." 이에 공주가 답하길 "옛사람 말에 한 말의 곡식으로도 방아를 찧어 먹을 수 있고, 한 자의 베만으로도 옷을 지을 수 있다고 했으니, 마음만 맞으면 되지 어찌 부귀한 뒤에라야 함께 살 수 있겠습니까?" 곧 공주는 금팔찌를 팔아서 밭과 집, 노비, 소와 말과 그릇들을 사들여 생활용품을 모두 갖추었다. 처음 말을 살 때 공주가 온달에게 당부하여 말하길 "절대로 시장 사람이 파는 말은 사지 말고, 반드시 나라의 말이어야 하되 병들고 여위어 내보내는 것으로 가려 사오도록 하십시오. 그러면 그 뒤로 고쳐 건강하게 할 것입니다." 온달이 말대로 하였다. 공주가 그것을 부지런히 먹이고 기르니 말은 나날이 살찌고 또한 굳세졌다.

　　　　　고구려에서는 항상 봄 삼월삼일에 낙랑의 언덕에 모여 사냥을 하고, 그곳에서 잡은 돼지와 사슴으로 하늘과 산천의 신에게 제사를 지냈다. 그날 왕이 사냥에 나서자 여러 신하와 5부의 병사들이 함께 갔다. 이때 온달이 그동안 기른 말을 타고 따라 갔는데, 그가 탄 말은 항상 앞섰고, 잡기도 많이 잡아 그를 따를 자 없었다. 왕이 불러 이름을 묻자 놀라워하며 특별히 대하였다. 이때로 하여 후주의 무제가 군사를 일으켜 요동으로 쳐들어와 왕은 군사를 거느리고 배산의 들에서 맞서 싸웠다. 온달이 앞에 선 장군이 되어 날쌔게 싸워 수십 명을 베니 모두들 승전의 기세를 타 힘껏 맞서 크게 이겼다. 공로를 논하자 온달이 제일이라 하지 않는 이가 없었다. 왕이 감탄하며 말하였다. "이 사람이 내 사위다." 그리고는 예를 갖추어 맞이하고, 대형이란 작위를 내리었다. 이로부터 총애와 영화가 한층 두터워지고, 위엄과 권세가 날로 높아졌다. 양강왕이 왕위에 오르자 온달이 아뢰길 "신라가 우리 한강북쪽 지역을 침범해 군현으로 삼아 백성들이 원통해하며 부모의 나라를 잊지 않고 있습니다. 바라건대 대왕께서 저를 어리석고 못났다고 여기지 않으시면, 병사를 이끌고 한번 나가 싸워 반드시 우리 땅을 되찾아 오겠습니다." 하였다. 왕이 이를 허락하였다. 싸우려 떠날 때 맹세하여 말하길 "계립현과 죽령서쪽을 되찾지 못한다면 돌아오지 않겠다." 하였다. 이에 나아가 아단성 밑에서 신라군사와 맞서 싸우다 날라 온 화살에 급소를 맞아 그 자리에서 죽었다. 장사를 지내려 하는데 널이 움직이려하지 않았다. 공주가 와서 관을 어루만지며 말하였다. "죽고 사는 것이 이미 결정되었으니 이제 그만 돌아갑시다." 그러자 관이 움직였고 장사를 지낼 수 있었다. 대왕이 듣고는 깊이 슬퍼하였다.

지은이 문 창 규

1972년 서울출생.
명지대 기계공학과 학사, 용인대 영화영상대학원 수료.
2007년 2월 8일 기운의 소통 출판
현재, 기운론 연구 및 컨텐츠 개발 등을 하고 있습니다.

기운의 소통 블로그 blog.naver.com/ansxz
전자메일 ansxz@naver.com

여섯 번째 감각
소통의 원리와 현상

초판1쇄 펴낸날 2011년 3월 4일

지은이 문 창 규

펴낸곳 감 서   등록 2007년 1월 10일 제25100-2007-2호
주소 서울특별시 광진구 중곡2동 31-25   전화 070 7018 0704
이동전화 011 9744 4128   전자우편 ansxz@naver.com

인쇄   명성문화프린팅
본문그림 툴   컨셉리더 (주)마하위즈
표지디자인 도움 및 표지그림   in Yellow 문 영 순

　　　　이 책의 저작권은 지은이에게 있습니다. 이 책의 글은 저작권법이 허용하는 범위 내에서 인용 가능하며, 그 이외에는 지은이와 협의 없이 무단전재와 무단복제를 할 수 없습니다.

ISBN 978-89-959142-3-6